服务设计

用极致体验
赢得
用户追随

黄蔚 —— 著

SERVICE
DESIGN

机械工业出版社
CHINA MACHINE PRESS

图书在版编目（CIP）数据

服务设计：用极致体验赢得用户追随 / 黄蔚著. —北京：机械工业出版社，2020.11
（2024.10 重印）

ISBN 978-7-111-66773-5

I. 服⋯ II. 黄⋯ III. 商业服务 – 服务模式 – 研究 IV. F719

中国版本图书馆 CIP 数据核字（2020）第 198258 号

服务设计：用极致体验赢得用户追随

出版发行：机械工业出版社（北京市西城区百万庄大街 22 号 邮政编码：100037）
责任编辑：华 蕾　　　　　　　　　　　责任校对：李秋荣
印　　刷：北京建宏印刷有限公司　　　　版　　次：2024 年 10 月第 1 版第 9 次印刷
开　　本：170mm×230mm　1/16　　　　印　　张：18.75
书　　号：ISBN 978-7-111-66773-5　　　定　　价：79.00 元

客服电话：（010）88361066　68326294

版权所有·侵权必究
封底无防伪标均为盗版

感谢叶丽雅、任唐胤、黄钢、邹超、尹健琳、颜妍、张欣、杜乃婧、李鹏飞、郑菡仪；

感谢设计师童倩如、陈昕、陈涛、申然为本书贡献了超过 100 张画稿。

你们都为这本书的最终出版付出了巨大的努力。

| 赞　誉 |

服务设计是非常激动人心的领域，能够帮助企业全面提升客户体验和员工体验。黄蔚是中国服务设计领域的顶尖高手，我曾拜访过她创办的桥中，亲眼看到他们是如何工作的，非常令人赞叹。

唐·诺曼（Don Norman）

认知心理学家，苹果公司先进技术部门原副总裁

黄蔚是我认识的最棒的服务设计师，她成立的桥中是中国最好的服务设计公司之一！本书不仅系统地介绍了服务设计的相关知识，更分享了桥中在中国实践服务设计多年的心得，不得不看！

汤维维

造就创始人

智能时代能将企业一分高下的，是直入人心的服务体验与感动。这本书适时且用心地展示了人们应该为未来做准备的方向，指导企业人士进行激发感觉的服务设计，值得细读！

陈威如

阿里巴巴产业互联网研究中心主任，湖畔大学教授

我们已经进入"后产品时代"，产品必须搭配服务才有灵魂。服务设计告诉我们如何用系统的方式，设计以用户为中心的服务。在数字世界

和物理世界日渐交融的场景中，服务设计不仅有战略意义，而且有实用价值。

秦朔
"秦朔朋友圈"发起人

黄蔚和桥中不仅有最佳服务设计实践，更把服务设计和中国传统文化相结合，独创五行卷轴这种让人耳目一新的实践方式，非常令人钦佩。

伯吉特·玛格（Birgit Mager）
全球服务设计联盟（SDN）主席

自下而上生长出来的力量才是真正的力量，而服务设计正是这力量的催化剂！

金铎
瀚蓝环境总裁

"思维前瞻，实践前行"，在高效创造价值的时代转型中，这本书意义非凡！服务，是商业、社会乃至人生的思考本源。

这本书对那些立志于缔造世界一流企业，不断应对挑战、苦思转型的企业家来说，将会是一次精彩的思想交杯！

姚映佳
联想集团副总裁兼首席设计师

服务是被设计出来的。这些年，黄蔚带领团队为"花间堂"和"十里芳菲"项目进行过多次服务设计和共创，在产出成果的同时更让全体参与人员深刻理解了服务的本质。

市场上有大量关于产品设计、用户体验设计、营销定位类的书，但绝大多数陷于柱状隔断的学科领域中。实际上，在大洋彼岸，一种全新的职业——服务设计，正以总导演的姿态逐渐引领和重塑各个行业的体验与组织的设计。

张蓓

"花间堂"和"十里芳菲"创始人

"服务设计——用极致体验赢得用户追随。"谁也无法像黄蔚一样把这个概念讲得如此简单通透，这是一本能激发你我创新潜能的书。

龚湘伟

阿普塔集团执行委员会委员兼亚洲区总裁

第一次听黄蔚讲服务设计时，我就被这个概念吸引住了，现在她出了这本书，将她对服务设计的理解和实践都分享出来，非常值得一看！

刘润

润米咨询创始人，《刘润·5分钟商学院》出品人

服务、服务的创新、创新的服务已成为现代化服务经济的关键要素！黄蔚和她的团队做了很多令人敬佩的探索。由衷地希望黄蔚和她的团队能给大家带来更多的惊喜！

王炜

CDP集团董事长

最初，我因为共创而了解服务设计的理念，读了这本书后，我对服务设计有了系统的认知。服务设计的方法论和工具，是带领团队不断创新的关键！

李黎

嘉程资本创始合伙人

| 目 录 |

赞誉

引子　一个吃喝玩乐的创业故事·1

第 1 章　后产品时代，用服务设计打开商业新思维

1.1　服务设计的起源·7
1.2　服务设计洞察创新·8
1.3　服务设计五大原则·13
1.4　服务设计在中国·15

第 2 章　"不择手段"地获取用户共识

2.1　真正的"以用户为中心"不是所有企业都能做到的·18
2.2　小数据帮你突破认知壁垒·27
2.3　用户洞察，打开商业新思维·35
2.4　以用户为中心是对企业管理者的底层能力要求·58
2.5　工具：以用户为中心·63

第 3 章　共创不是乌合之众的狂欢

3.1　共创助力企业平稳过渡到智能时代·76
3.2　用团队动力学推动共创·84

3.3　共创实现共识—非共识—共识的循环演进 · 108

3.4　共创，推动商业在 VUCA 时代砥砺前行 · 115

3.5　工具：共创 · 117

第 4 章　一粒老鼠屎坏一锅粥

4.1　整体性带来完整的品牌感知 · 128

4.2　用户旅程重塑客户体验 · 134

4.3　用整体眼光，打造全方位用户体验 · 159

4.4　工具：整体性 · 163

第 5 章　体验设计让你走得好，服务设计让你走得远

5.1　服务设计 = 前台体验 + 中后台组织设计 · 173

5.2　打破割裂，赋能组织随需而动 · 183

5.3　用服务蓝图重塑业务流程和组织形式 · 209

5.4　物理空间加速组织变革 · 215

5.5　工具：由表及里 · 224

第 6 章　迭代才是商业战争的开始

6.1　迭代要趁早 · 232

6.2　原型：迭代服务设计的核心工具 · 241

6.3　服务好不好，长期评估说了算 · 256

6.4　通过迭代释放你的商业想象力 · 263

6.5　工具：迭代 · 267

尾声

| 引 子 |

一个吃喝玩乐的
创业故事

——理发师可以为自己理发吗?
——不能。为什么这么问?
——因为,身为咨询师,不断有人问我,我是不是纸上谈兵,是不是只会指点别人,甚至是不是只负责说,不能为结果负责?

我是一个很直接的人,当然不服,一直想找机会反驳理发师悖论,或许,创业做一次实体经济会是最好的证明。

我是一名咨询师,服务设计咨询师。2003年,我离开通用电气(GE),创立桥中,一家创新咨询公司。公司成立至今,我们从产品设计转型到服务设计,服务过阿里巴巴、京东、华为、星巴克、可口可乐等。但是,总有人会跳出来,认为我们光说不练。

2007年,当我在比利时第一次喝精酿啤酒的时候,我就被精酿啤酒丰富的种类、迷人的风味和精深的文化所感动,而在当时的中国却极少有机会可以接触到精酿啤酒。"为什么不自己开一家以精酿啤酒为主题的酒吧呢?既可以满足我爱喝酒、爱分享的兴趣爱好,又可以尝试打破理发师悖论。"

这个念头一冒出来,就变得一发而不可收。

2008年至2009年,我一边养育着一儿一女,凑足一个"好"字,一边和同样喜欢喝酒、收集好酒的丈夫Rudy做起了副业,在上海创立了用儿子的名字命名的酒吧——开巴,为国内消费者提供来自世界各地的精酿啤酒。

一般理想很丰满,现实都很骨感。

精酿啤酒漂洋过海而来,一方面运输成本高,另一方面保存时间短,对于设备要求高,前期投资大。此外,供应商对接、同业竞争、库存管理、食品安全等问题也让我们应接不暇。

以上还不是最难的。2008年的时候,精酿文化还非常小众,人们对于啤酒的看法还停留在一瓶5元左右,便宜而口味简单,以及经常听到的"啤酒肚"这样的调侃说法;啤酒文化并未得到开垦,消费者也还没有学会欣赏啤酒。

印象最深的是有一次,竟然有其他酒吧的人跑到我的店里大喊:**"Nobody will drink your beer!"**("没人会喝你们的啤酒!")

好在我一向心大，只是挥挥手，笑着回应："Nobody drinks？ We drink!"（"没人喝？那我们自己喝！"）心里却开始盘算如何用我们的长处将开巴发扬光大。

通过实践和努力，我们实现了一个完美的体验价值增长曲线。最终，开巴被百威英博颠覆性增长事业部⊖相中，成为其旗下 ZX Ventures 在中国精酿啤酒行业的第一个收购对象，获得高品牌溢价。我功成身退，而开巴团队则全员进入百威英博，成为百威英博颠覆式创新事业部的员工。

怎么做到的？

或许本书可以给你一个不一样的答案，给你讲一个服务设计改变商业的故事。

⊖ 2015 年百威英博设立了颠覆性增长事业部，即 ZX Ventures（简称 ZX）。Z 代表 Zythology，即啤酒研究；X 代表 Experience，即体验。

| 第 1 章 |

后产品时代，用服务设计
打开商业新思维

我们身处一个极速变化的时代，人类用了 2000 多年从农业时代进入工业时代，用了不过百年从工业时代进入信息时代，而从信息时代向智能时代迈进则不过用了短短几十年。人工智能、大数据、云计算，将科幻小说中关于人类生活的场景转换成了现实，我们已经进入了后产品时代。

在这场演变中，和现代文明社会息息相关的商业机构也从产品驱动进展到效率驱动，进而开始向用户驱动迈进。用户驱动，包括以用户为中心，融合线上线下体验，打通数字和物理空间，让体验随着人的需求链而转动。

这并不是一个容易的转变。

过去，我们用产品来解决用户的核心痛点：碗，用于盛饭；冰箱，用于储存食物；手机，用于沟通……然而，移动互联网的出现，线上线下的互联，让企业看到用户的需求不再是单点的，而是全方位、更复杂多变的。随之而来的是，产品作为解决单点问题的方案，已经不足以满足用户全方位的需求，而服务则成了能更好地解决用户需求的方案。

后产品时代，服务为王。

然而，服务本身的设计问题也随之而来。服务提供方的运营管理流程乃至与之配套的组织架构都需要重新规划。这些与线上线下融合的全新未知领域碰撞，让当下服务设计的复杂度远超以往任何一个时代。

没有人敢说自己拥有正确答案，知道如何打开未来这扇大门。但是，我们总是需要去尝试、去探索，才能找到下一步该怎么走。

20 世纪 80 年代才开始作为一门独立学科出现的服务设计，可能并非迎接这个智能时代的完整解决方案，但服务设计在不同行业、不同领域的探索，或许可以给准备迎接这个全新时代的你一个参考。

服务设计不只是设计服务，更是设计与服务相关的整个商业系统，为你打开后产品时代商业世界的新思维，帮你洞悉创新，突破增长极限。

1.1　服务设计的起源

"服务是需要被设计的。"20 世纪 80 年代，美国学者肖斯塔克（G. Lynn Shostack）在《如何设计服务》（*How to Design a Service*，1982）中首次提出管理与营销层面的服务设计概念。1984 年，肖斯塔克在《哈佛商业评论》上发表《设计可递交服务》（Designing Services That Deliver），引入服务蓝图，将之作为服务设计最重要的工具之一，通过系统流程管理，提高服务效率和利润率。[⊖]

1991 年，英国的比尔·霍林斯夫妇（Bill Hollins）出版《全设计》（*Total Design*）。自此，服务设计从管理学领域正式进入设计领域。同样在 1991 年，科隆国际设计学院（KISD）的迈克尔·厄尔霍夫（Michael Erlhoff）与伯吉特·玛格开始将服务设计引入设计教育[⊜]。现在，服务设计有了博士、硕士学位，成了一门独立的学科。

2004 年，玛格发起成立了全球第一个服务设计的行业协会——全球服务设计联盟（Service Design Network，SDN），至今全球已有 38 个城市、15 000 多名从业人员加入了这个联盟。

⊖ SHOSTACK G L. Designing Services That Deliver [J]. Harvard Business Review, 1984, 41(1): 133-139.

⊜ 辛向阳，曹建中. 定位服务设计 [J]. 包装工程，2018, 39（18）：43-49.

1.2 服务设计洞察创新

服务设计作为融合性的学科，通过对人、物、行为、环境和社会之间系统关系的梳理，以用户为中心，围绕用户重新规划组织资源、促进组织运作、提高员工效率，最终使用户体验感得以提升。它具有系统性和战略性，是所有触点设计的指导框架，改变了我们的生活、工作方式，以及组织的运营管理方式。

服务设计主要由人（people）、资产（props）和流程（processes）三个要素构成，而每个要素都必须被正确地设计，并且能够整合在一起。

- 人：指的是任何直接或间接与服务有关的利益相关者。
- 资产：指的是任何服务所需的实体或虚拟的物件。
- 流程：指的是任何利益相关者于服务中执行的流程。

1.2.1 服务设计落地愿景，实现创新

服务设计专注于通过洞察用户的需求，定义机会并解决问题。服务设计从理解需求出发，而不是直接跳到解决方案，它使真正的创新成为可能。

用户体验是从用户视角出发的一种主观的、在用户使用产品或者服务的过程中建立起来的感受。真正的以用户为中心，是基于用户需求进行业务调整，而非强势营销。好的用户体验有助于建立积极的用户关系，而积极的用户关系将转化为对商业的正面影响。

如今，各大企业都在寻找方法来理解用户需求，以洞察用户深层的需求并激发有趣的想法。这些企业需要一种系统性的方法，帮助它们在跨部门团队中筛选、测试、改进这些想法，直到这些想法逐渐饱满，可以作为新的或改进的产品、服务甚至是业务模型被实现为止。

同时，服务设计主张以用户测试和原型迭代的方法，快速而低成本地测试可能的解决方案，产生新的见解和想法。它建立在研究和测试的基础上，而不是基于臆想或权威。

服务设计虽说是一个新兴学科，但服务设计本身并不是一个新兴事物，它是一个系统的方法论。

比如，在中国古代，文人墨客都喜爱赏花，为了更好地呈现花的意境，古人设计了花瓶、花盆等器物。然而一群人盯着花看上一两个小时也是无趣，所以古人又发明了许多赏花的方式：茗赏、谈赏、酒赏、曲赏、香赏、琴赏等，以此增加趣味，更显优雅。

其实，整个赏花的过程就是服务设计，它把花这个产品变得更综合、更有体验感。这种跨界思考、设计和系统的方法论，给需要融合线上线下体验的新零售一个很好的参考思路。

很多时候用户不仅需要单一产品，更需要整体的服务体验。

1.2.2　科技告诉你能做什么，服务设计告诉你应该做什么

服务设计与科技的发展密不可分。服务设计早期，还只是用于设计服务。然而，随着移动技术的发展，人工智能、大数据和云计算的积累，用户的需求有了随时随地被满足的可能性，这时服务设计才真正有了用武之地。

2018年12月，阿里巴巴的未来酒店开张了。它可以通过人脸识别入住；用户进入电梯后，无须按键，直达用户所在的楼层，毕竟入住信息都已安然存储在后台；电子猫眼确认用户后，自动开门；进入房间后，天猫精灵的智能语音帮你实现控灯、控温、控设备等；待你关上房门准备下楼，电梯感应启动，等你走到电梯口，电梯也恰恰停好等你下楼；当然，退房的时候，基于用户的信用等级，酒店也会提供免押金、免排队、免查房等权益。

然而阿里巴巴的目标，并不是要打造一个"无人"酒店，而是在不需要人员的地方，尽量不用人，但在需要人员的地方，譬如清洁和烹饪等，依然配有专业的服务人员，以实现非数字化服务和数字化服务的完美融合。

所有这些服务，数字化的、非数字化的，都是基于酒店各个细分场景下用户的需求而设定的。

对传统酒店而言，要成功地进行数字化转型，绝不是通过增加几台智能设备就能实现的，而是要系统地设想：为什么要数字化？数字化对于用户来说意味着什么？会给用户带来什么样的体验？

科技告诉你能干什么，而服务设计告诉你应该干什么。

1.2.3　服务设计助力重塑商业模式

我是一个科班出身的产品设计师，职业生涯的前十年我一直从事产品设计，我的工作是把一个产品设计得尽善尽美；而职业生涯的后十年，我更关注产品和周围的关系，更关心使用者的综合体验，开巴就是服务设计成功的典型。

工业时代，产品售出后，用户和企业的关系就结束了，最多还有售后维修。而新时代下，企业与用户有更多的联结，这意味着有更多的商业机会和用户黏性。

新技术的发展，让企业和用户间更紧密的联结成为可能。

天猫是阿里旗下综合性购物网站，它给用户提供完整的在线购物服务。人工智能和语音识别技术的发展，催生了天猫精灵，让天猫从虚拟的数字世界穿越到现实的物理世界。天猫精灵不仅可以直接发送语音指令购物，还可以陪老人聊天，给小孩讲故事，在你做饭的时候给你提供恰当的食谱，帮你收集蚂蚁森林的能量……成为家庭的一分子。它在搜集你日常生活数据的同时，也使得天猫的服务场景更立体，商业模式更丰富。

服务设计帮助企业从全局的、系统的角度重新审视产品、品牌、商业模式和运营流程，从而提升或重塑用户体验。从某种程度上说，产品设计让我们"买得到""买得值"，而服务设计让我们"买得爽"。往往在这个时候，我们的商业模式也由此不断演进（见图1-1）。

从卖产品到卖服务

功能性：造型、色彩、材质、界面	→	情感性：可以独立创造价值
产品：有形体验	→	服务：无形的活动
可被触摸和感知的前台	→	组织的前、中、后台
单点或多点	→	点、线、面
生产和销售先后发生	→	生产和销售同时发生
买得到	→	买得爽
参照物：竞品	→	参照物：人生中所有体验

图 1-1

1.2.4 服务设计是战略，更是变革

服务设计既是一门跨越管理学和设计学的多元学科理论，更是一个系统的方法论。它帮助企业从用户角度梳理自身的业务和品牌，从而反思运营和管理方式。

服务设计最重要的切入点是人：洞察人的需求，理解人的情感。这里的人不仅指用户，还包括员工和各种不同身份的利益相关者。

所以，**服务设计是方法，更是思维。**

设计的目标是解决问题，而服务设计之所以受到关注，是因为它不仅致

力于解决各个触点的问题，而且通过对流程的管理，可以有效疏通组织、整合资源。

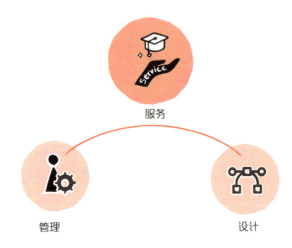

服务设计是设计战略，处于整个设计价值链顶端，是由设计师协同消费者、公司内部员工、同行或合作伙伴等人一起营造整体的服务体验。

所以，**服务设计是设计，更是战略。**

服务设计在中国的兴起，使得许多转型中的企业如获至宝，纷纷投入重金邀请类似桥中这样的服务设计机构开展项目。

然而刚开始效果显著，后面却持续不了很长时间。究其原因，服务设计机构和企业团队对服务设计的理解不同频，在服务设计机构结束项目后，企业没有相应的团队不断对项目进行维护和迭代。

唯有在组织内部形成服务设计的文化才能使以用户为中心的产品生生不息。

所以，**服务设计是破局，更是变革。**

1.3 服务设计五大原则

在我们开展服务设计之前,不妨先来了解一下它的五大原则(见图 1-2)。

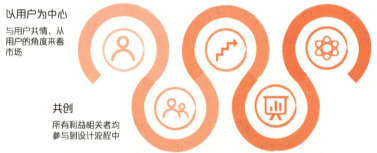

图 1-2

1.3.1 以用户为中心

无论是服务还是产品,其本质都是为了最终解决用户的问题,因此我们必须始终贯彻以用户为中心的思想,这是我们所有工作的基础。

1.3.2 共创

服务设计所解决的是一项复杂性的问题,它没有正确答案,只有最优解。

如何找到最适合的路径？让服务提供者和使用者，以及不同的利益相关者共同参与设计和创造的过程。借助不同背景、不同职能的人不同维度的思考，共同探索最优解。共创无疑是服务设计最佳的工作方式。

1.3.3 整体性

用户体验就像一场有计划、有组织、精心设计的演出：它有高潮，也有低谷，环环相扣地讲述一个故事，而用户身在其中。把握用户的情绪和服务的节奏尤为重要，但更重要的是由点及面地全局思考，保证这个故事的整体性。

1.3.4 由表及里

为了能够在前台提供一个整合的用户体验，需要保证中台和后台的活动及业务流程的密切配合，并解决这些流程的实施问题。它们必须处理多个利益相关者的端到端体验，并且考虑到组织适配、品牌宗旨以及技术的适当使用。

1.3.5 迭代

世界每天都在变化，没有一个服务可以永远获得青睐。为了顺应不断变化的用户需求，我们必须通过用户的反馈，对服务进行优化。这是一个不断重复的过程，只有更好，没有最好。

这五大原则是服务设计的核心，它们息息相关。服务设计的过程就是对这五大原则周而复始、不断迭代的应用过程。每一次应用的结束，也意味着下一轮以用户为中心的服务设计的开始。之后的章节将围绕这五个部分展开，同时分享我们自 2008 年起在中国开展服务设计的一系列有趣实践，以及与国内同行的有益探索。

1.4 服务设计在中国

2017 年,服务行业产值占中国整体 GDP 的 51.6%。随着产品竞争日渐激烈,由产品导向到服务导向的消费升级势不可当。站在中国经济转型的时代拐点上,随着国内目前的行业发展速度加快及互联网普及程度提高,服务设计在中国不断演化,从 1.0 到 4.0,每个阶段都有不一样的侧重和新的实践(见图 1-3)。

服务1.0/2.0/3.0 → 服务4.0

服务响应	主动服务
存在产业行业细分	集成的,整合的
标准化,模块化	定制化的,以人为中心的
基于触点	基于数据

显性的,物理的,手动交互界面	隐性的,虚拟交互"介质"
远程服务/控制中心	无缝全渠道的服务支持
预先设定好的路径	动态的实时路径

图 1-3

1.4.1 从用户需求到数据预判

随着大数据的迅猛发展,数据介入能够有效地将用户的信息和需求量化,通过大数据的采集、清洗、存储、计算,为服务创新提供新的可能性。原先基于用户需求提供的服务响应,通过大数据的推算和预判,使主动服务成为可能;而原先标准化、模块化、预设的服务形式,由于大数据和互联网发展,实现了"千人千面"的、动态的、定制化的服务。

1.4.2 从多触点到全渠道

服务设计聚焦于整个服务生态系统,考虑的是无缝的全渠道服务支持,让所有用户、雇员以及其他利益相关者共同设计、提供并享受服务。

随着科技进步，服务触点不断升级，从单纯显性的、物理的、手动交互的触点，到现在更多隐性的、虚拟交互的触点，服务设计在从多触点服务到全渠道服务的道路上又进了一步。

1.4.3 从产业局限到行业整合

服务设计刚开始时，大多应用于政府公共服务领域。如今与个体消费者相关的各个领域都接受了服务设计，比如银行、医疗、电信等，且由服务设计引领的行业整合也在如火如荼地进行中。

2015年，国务院印发的文件《中国制造2025》中，明确提出积极发展服务型制造和生产性服务业，鼓励制造业向服务业转型。

另外，新零售的崛起，也使零售与互联网紧密结合，由阿里巴巴操盘的星巴克甄选烘焙坊的数字化体验部分就是以服务设计的视角作为切入点。

服务设计在中国虽然刚刚兴起，但发展迅速。据不完全统计，2018年，中国新设了五六十家服务设计公司。

2019年1月10日，商务部、财政部、海关总署公告2018年第105号关于《服务外包产业重点发展领域指导目录（2018年版）》的公告附录第二十条将"服务设计"纳入《服务外包产业重点发展领域指导目录》。

"服务设计"作为重点发展领域，与信息技术服务、电子商务服务、云计算服务、人工智能服务、文化创意服务、管理咨询服务、大数据等行业并行，描绘着中国经济的未来蓝图。

|第 2 章|

"不择手段"地获取用户共识

在大数据时代，企业管理层很容易因为过于迷信科技而忽视了对人的理解。然而，梳理商业创新史，我们很容易发现，在创新的早期阶段，我们更依赖小数据对人的深度解读。

小数据让洞察有灵魂，大数据则协助验证，挖掘新知。大数据配合小数据，才能真正让企业突破认知极限，进入创新天地。

以用户为中心并不是一个新鲜的话题，新鲜的是，这么多年了，还是没有几家企业能真正地以用户为中心。

企业之所以不能以用户为中心，很重要的一个原因是人都有从自身出发的本能，自己在某个领域越专业越成功，就越难以站在用户的角度看问题。走近用户并不是简单地给用户提供他们想要的东西，而是洞察他们的需要，进而创造需求。

那么我们应该如何才能看到别人看不到的洞察？人人都会说话，但你会跟用户高质量地聊天吗？人人都会看，但你可以看见用户行为背后隐藏的原因吗？

走近用户，是对企业管理者底层能力的要求。本章会带领大家用服务设计师的角度来解读以用户为中心。

2.1 真正的"以用户为中心"不是所有企业都能做到的

"以用户为中心"不是一个新鲜的话题。现在几乎所有公司都在宣称自己要为用户创造价值。不过只有真正能做到的公司才能在行业内更胜一筹。典型的例子是源于瑞典的全球家居品牌宜家，它把"为大众创造更加美好的日常生活"作为企业愿景，以"提供种类繁多、美观实用、老百姓买得起的家居用品"为经营理念。

根据宜家2017财年总结中公布的数据，宜家在29个国家/地区开设了355家宜家集团商场，雇用了14.9万名员工，2017财年的零售总额为341亿欧元，商场访问量为8.17亿次。这可以说是非常惊人的成绩了。在宜家第三任CEO安德斯·代尔维格（Anders Dahlvig）所写的《宜家：不止于家》这本书中，我们可以看到宜家对"以用户为中心"的使命、愿景、价值观的捍卫、坚守与追求，可以说达到了宗教信仰的程度。

不过，持续以用户为中心并取得成功的企业并不多。早在2005年，贝恩公司针对362家公司做过一次调研。结果显示有80%的公司相信它们给用户提供了绝佳的体验。但是，当把调研对象改成用户时，受访者表示这些公司里只有8%确实提供了绝佳的体验。⊖

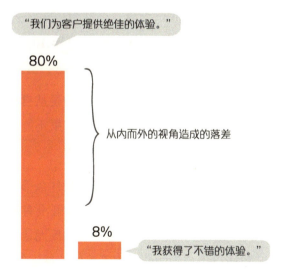

⊖ James Allen. Closing the delivery gap: How to achieve true customer-led growth[Z/OL].（2005-10-05）. https://www.bain.com/insights/closing-the-delivery-gap-newsletter/.

有趣的是，这个数据放在今天也丝毫不显得过时。在我们跟其他人提到这个数据时，很多人频频点头。几乎没有人质疑这其实已经是十多年前的数据了。

2.1.1　以运营为中心 VS. 以用户为中心

"以运营为中心"还是"以用户为中心"之争由来已久，造成这一局面的原因有很多，其中很关键的一点是企业管理者习惯于从自身出发考虑问题。他们考虑更多的是"我擅长什么""我能做什么"或者"我有什么"，而不是"用户需要什么"。

这在平时不是什么大问题，但是一旦出了问题就难以原谅。

拿已经退出大部分人日常生活的柯达来说，虽然柯达1998年就开始深感传统胶卷业务萎缩之痛，但柯达的决策者们担心胶卷销量受到影响，一直未敢大力发展数字业务。2000年之后，全球数码市场连续高速增长，翻了差不多两倍，而全球彩色胶卷的需求开始以每年10%的速度急速下滑。2002年，柯达的数字化率只有25%左右，而竞争对手富士已达到60%。

后面的故事大家都很熟悉了。这里，我想说的是从自身出发，考虑业务能力、市场份额、特色产品等问题无可厚非，但如果不能以用户为中心思考企业的战略发展，肯定无法给企业带来持久的成功。

回想开巴的成功，很大程度上是因为当时"我什么都不会做"和"我什么都没有"。对于酒吧行业，我是一个新来者。我既没有资深酒吧老板的经验，也没有什么业界声望。各方面都是从零开始，反而让我可以毫无负担地前进。"无知"让我更能以用户为中心，而不受传统规矩的限制。

在近十年的时间里，我和团队在经营管理过程中持续思考开巴的顾客到底有哪些类型，他们到底有什么差异化的需要，并据此开发出各种各样的产品、体验和服务，因而在新老顾客中形成了良好的口碑。

所以，**以用户为中心，首先要有空杯心态**。就好像金庸先生笔下的武侠世界中令狐冲修炼吸星大法，最难的部分是要先散去自己原来的功力。自己拥有的越多，就越难以转换为用户视角。只有放下自己已经拥有的资产、产品、市场、各种成功的光环，才能真正走近用户。

空杯心态

每天只想着自己（KPI）的管理者，是听不进用户的声音的。在长期的经营管理过程中，盯着KPI，盯着自己已有的东西患得患失，会让他们离"绝佳的用户体验"越来越远。

2.1.2 把自己当用户 VS. 把用户当用户

以用户为中心的一个误区是管理者想当然。他们往往以为自己很懂用户，或者把自己当用户，这在不少场景下可能成立，比如：我很爱喝精酿啤酒，我就常常光顾开巴。但是，很显然，我只是开巴的客户之一，我不代表所有客户，甚至我可能只是开巴很小众的一类客户。

在更多场景下，我们自己其实离用户还是有相当远的距离的。

我们曾经携手益佑（一家公益养老机构）共同举办了一场名为"为未来的自己而设计"的养老行业私享会。我们邀请了来自养老地产、养老投资管理、医疗、物业等各领域的资深从业者，一起聚焦于养老行业的现状和新挑战，探索如何用服务设计驱动养老服务的全面升级。

这次活动，以了解老人、体验老人生活开篇。作为热身，嘉宾们先佩戴各式装备，模拟体验 80 岁以上老人的生活状态。比如：

- 戴上老花镜，模拟得白内障或半盲状态的老人阅读报纸时的状态。那些平时看报纸时一目了然的信息，在乔装后的"我们"眼中，却犹如雾里看花。
- 戴上约束手套、手肘约束带和手腕负重装备，模拟老人手腕部肌力和神经退化的状态。用筷子夹菜这种平时很轻松的事情，现在却变成一项难以完成的任务。
- 戴上全套装备体验 80 岁以上老人在身体各项机能退化以后的生活状态。当全套装备上身后，体验者们瞬间成了"老阿婆""老阿公"，背挺不直、步履蹒跚、耳聋眼花。

当体验结束，大家回到原位、脱下装备时，那种瞬间"返老还童"的放松感和"重获新生"的喜悦之情溢于言表。

其中一位女嘉宾的感言更是让大家印象深刻："这种老化的感受我很难用语言去形容，只有亲身体验才能体会到老人们行动不便、视物不清时内心的焦虑和恐慌。"

的确，真实生活中的老人不像我们做游戏一样能够重返青春，他们的身体老化是永久不可逆的，这给他们身心带来的影响，要远远超出我们所看到和感受到的。

看到这里，你还觉得自己足够理解用户吗？你是否也同样误解了儿童产业、医疗产业？

或许有人会说：如果我从事养老行业，当然会去了解 80 岁以上的老人，我做儿童产业当然会去了解儿童，做医疗也就会去了解病人和医生。其实，这就是我想说的本节重点：一些与自己差异比较大的用户，比如老人，反而更容易让大家有所发现。而我们生活中大部分的产品或服务，是像你我一样的普通人使用的。**产品的普适性越强，企业管理者越容易自以为是，把自己当用户。**

开巴早在二维码点餐刚刚兴起不久就在每张餐桌上都贴好二维码，并准备好后台，让用户可以随时扫码下单。但我们很快发现并没有几人去扫码，细究原因，以中餐厅、火锅店、套餐店为主的餐厅，它们流量大，顾客都期待第一时间享用美食，扫码下单的需求就很旺盛，同时对餐厅而言扫码也能节约不少人力。但大部分顾客来酒吧都是希望排遣寂寞，找人聊天，他们并不着急要喝到酒，而是希望在人多的酒吧多待一会儿；而且酒吧灯光昏暗，看手机的体验并不好，因此扫码下单常常不在他们的考虑范围之内。况且，对一家中小型规模的酒吧而言，前台两三名服务员必不可少，扫码也不能为我们节约人力。所以，二维码上线不到 3 个月，我们就撤销了扫码点单系统。

真正好的产品，是要让用户使用得很自然，而不是让企业管理者觉得好。电影《印度合伙人》(*Padman*) 中廉价护垫用户（女主）质疑前来收集用户反馈的护垫生产商（男主）时说："护垫就是护垫！有什么好不好的。"这让男主当场喜极而泣，因为这说明用户感受不到两种护垫之间的差异。这两种护垫一种 2 卢比，另一种 55 卢比，这对男主而言，意味着巨大的商机。

以用户为中心，首先要忘我！

2.1.3 定义需求而非定义产品

1. 电钻≠孔

营销界曾有一个很著名的争议，即当客户购买手电钻的时候，他真的是需要一只手电钻吗？或许，他想要的只是一个孔！

如果他需要的是一个孔，那么我们所提供的可能就不一定要是手电钻，而是手电钻的租赁或者打孔服务——全球著名的手电钻厂商喜利得（Hilti）就最终转型成为钻孔服务供应商。

如果他需要的是帮太太安装衣橱、整理房间，那我们或许可以转而提供一枚水泥钉、一种黏力更强的粘胶、一个置物架，或者还有其他更多可能……

2. 定义需求而不是定义产品

定义用户的需求，而非定义产品。这样，更多产品、更多商业模式、更多创新将浮到桌面上。

同样的思考模式，让我们重新思考下，智慧办公背后的需求是什么。

是智慧，还是办公？都不是！是更便捷的办公体验、更高的工作效率。所以我们有了诸如方糖小镇的创新办公体验，未来还有更多可能的方案。

智慧医疗背后的需求又是什么？

当然既不是智慧，也不限于医疗，更不仅是医院，而是健康。

从这个维度出发，预防疾病、管理健康、治疗疾病都可以成为管理健康的手段。预防疾病包括体检、疫苗；健康管理包括在线咨询、减肥、私教、保健品；治疗疾病则涉及医院物联网、远程会诊、智慧处方、临床决策系统、在线看病、在线挂号等更多可能性。

清晰定义需求，每一项都可以延伸出一个全新的产业。就像老福特识别用户对"想要一匹更快的马"背后的需求，实际上是更快捷、付得起的交通工具，于是才有了著名的 T 型车。

在喜利得案例中，喜利得最终决定，与其以越来越低的价格卖产品，不如提供"正好你所需要的服务"和"不需要维修也不需要存放"的钻孔服务。这意味着喜利得从低利润的制造业进入到高利润、重资产、重运营的服务业。之前他们的侧重点是研发，而成为服务供应商后，他们的客户价值、盈利模式、核心资源和流程都彻底改变了。这是一个全新的行业。

3. 宝洁重新定义清洁体验，打造亿元新市场

宝洁曾经有一个很经典的案例。他们想要做一款味道更清新、清洁力更强的地板清洁剂。

然而在做了深度访谈、浸入式调研之后，他们发现用户并不需要一款味道更清新、清洁力更强的地板清洁剂，现有的产品对用户来说已经足够了。但是，这并不意味着拖地板这个动作本身没有痛点，事实上我们做过家务的人都有同样的烦恼，拖把一直在脏水里清洁，有时候甚至还需要用手去绞干。

最终，他们重新定义了设计纲要（design brief）：创造更快速有效的清洁体验。于是，Swiffer 拖把应运而生。Swiffer 拖把只需将一次性吸尘纸通过静电粘在底座上即可进行清洁，使用完毕后仅需丢掉一次性吸尘纸，省时省力又干净。

虽然刚开始有"不环保"的担忧，但事实证明，人们对省时省力的需求远超对环保的内省。这支拖把在上市的第一年，就创造了 1110 万美元的销售额。

4. 把需求从具体产品中抽象出来

谈到"以用户为中心"就一定会谈到用户研究。从近百年前的亨利·福特到最近的乔布斯,对于用户研究都有让反对者津津乐道的名言。这里暂不打算详述这一问题,但希望给大家厘清一个概念,即用户研究是识别需求,而非收集客户反馈。

大部分用户的认识都不会领先于时代。他们的期待如果不是毫无根据的想象,就是非常实际的、他们已经看见的东西。我

我想要一匹更快的马!

们不能因为用户没有看见一辆跑得比马更快的车而责备他们,或者认为跟他们的交流毫无意义。因为洞悉用户的创新、突破增长极限、创造商业新思维是我们的工作,而不是用户的工作。

从用户所回答的"想要"里分析出真正的"需要"是什么,这也是我们的工作。如果用户研究者如实地把客户的反馈上报给决策者,那他并没有完成分析需求的工作,他只是做了一个普通客服所做的事情。

每一个进行用户研究的人都需要具备从具体到抽象的能力。用户告诉我们的是具体的问题,我们要把具体的问题提炼成抽象的需求。针对抽象需求进行的创新才不会是头痛医头,脚痛医脚。

以用户为中心绝不意味着追着用户的问题跑。随着用户数量级别的提升,产品或服务中所出现的问题数量也会呈几何级数增加。追着一个个具体问题去解决,会让团队疲于奔命。找出用户需求,并用创造性的解决方案满足用户需求,才是降维打击。

2.2 小数据帮你突破认知壁垒

建立对用户的同理心意味着可以设身处地去感受用户的感受，从而理解他们为什么会有这样或那样的需求。在我们的工作中，时常被问到一个问题："在大数据时代，你们说的这些还有意义吗？"

在维克托·迈尔-舍恩伯格和肯尼斯·库克耶所写的《大数据时代》中，大数据分析是指不用随机分析法（抽样调查）这样的捷径，而采用所有数据进行分析处理。这在数年前还难以想象，但现在已经是个热门话题了。

记得多年前进行购物者行为研究，需要投入大量的人力研究商场布局，记录人流量，寻找热点，并辅以调研问卷等诸多手段，才能收集到充足的数据进行分析。而现在则可以通过摄像头的人脸识别和无线访问接入点（wireless access point，简称无线AP）实时收集商场里的人流数据，甚至可以与线上数据结合比对，精准地了解调研问卷无法获取的行为数据。这些数据的完整性、实时性、精确性大大提升，对传统的用户研究手段的冲击是巨大的。

时至今日，几乎各行各业都在谈论并发展大数据。但大数据的发展与应用仍然有很长的路要走。而且大数据本身并不能取代对人们社会生活中各种问题的理性思考。更具体地说，大数据的发展还面临着以下挑战。[⊖]

- 数据的清洗（data clean）。技术设备可以实时采集到大量以前无法收集到的数据，但是这些数据中通常包含着大量的噪声；不同来源的数据记录并没有统一规范；由于采集方式的影响，也并不是所有的数据都准确。让数据准确、有用、可用，还是需要投入人力进行分析处理。

⊖ 傅志华. 大数据时代面临的七个挑战和八大趋势 [J]. 大数据时代，2018，17（08）：12-21.

- 数据对于企业业务的含义。数据本身并不会告诉企业应该如何决策。它需要数据分析员在深入理解企业发展方向的基础上，采用合适的分析方式并解读相关含义。这要求企业的业务部门能提出清晰的大数据需求。

- 企业内部的数据孤岛。很多客户都跟我们提过，之前各业务部门都有数据积累，但部门间没有打通，更谈不上挖掘利用。

- 基础设施的搭建和人才缺乏。现在线上线下应用场景逐步融合，企业需要投入大量资金进行基础设施的搭建。而且大数据人才缺乏也是一个很大的限制因素。

数据安全、隐私等多方面的挑战，在这里就不展开讨论了。我想表达的观点是，大数据富有价值，但是大数据并不是解决一切问题的灵丹妙药。比如，在以下两种场景（2.2.1 和 2.2.2）中小数据就比大数据更有用武之地。

2.2.1　小数据可以通过场景细节来提升服务体验

大数据本质上仍然是量化研究。它采集的主体数据反映的是人们线上线下的行为。它不能直接回答行为背后的驱动因素是什么，也不能解释人们的态度、决策过程、使用体验等。除非研究员通过小数据（个案研究、访谈、观察等）来进行深入挖掘。

举一个例子来说，数年前我们给某个净水器品牌进行入市前的研究。这项研究需要了解大家对饮用水的态度。个案研究比较适合探索中国人喝什么样的水、如何喝水以及为什么这样喝。比如有些人会认为水一定要烧开才能喝，有些人认为不能喝纯净水，还有些被保健产品"洗脑"的认为要喝离子水之类的。

如果没有前期的定性研究，即使抓取了用户与喝水相关的行为数据，研究人员也难以理解这些变量间的关系。在进行数据清洗与统计分析时缺乏高效的指导性原则，研究人员可能会遗漏某些重要的因素，或者因为没有足够走近消费者而不熟悉他们的语言，从而降低数据分析的有效性。

大数据并不是叙述性的方式，在进行分析时不可避免地会损失许多细节。如上文提到的，采集回来的原始数据是需要被编码、清洗和整理的。在这个过程中，许多貌似琐碎和不稳定的因素往往容易被忽视。

小数据则可以深入讨论所发生行为的前因后果、态度的形成过程、某个场景下所包含的细节因素。这些可以帮助研究人员在一堆杂乱的原始材料中更高效地找出关键的、敏感的指标，为之后的数据建模、分析指明方向，提供依据。

这些也可以加深研究人员对用户特征和场景的理解，重塑产品或营销的故事主线。创作人员也可以从受访者的细节描述中体察用户的情感表达，为产品或营销方案的产生获取洞察与灵感。

之前在经营开巴的时候，除了定期会运用大数据收集客户意见，我们也会在日常接待顾客时仔细观察他们的行为和情绪，以完善服务标准和流程。比如，有道菜中的香肠需要用牙签插起来才能吃，有些顾客会不小心将香肠的油滴到衣服上。观察到这个情况后，服务员每次上这道菜的时候都会递上纸巾并且善意地提醒顾客。很小的一个举动就可以避免顾客的尴尬，提升客户体验。

从这个角度来说，大数据和小数据的配合才能更好地给客户带来价值。大数据体现的是用户活动的痕迹，反映了他们的当前状态和影响量级；而小数据能透视本质，诠释在分析前期显得面目模糊的大数据，帮助数据分析师在分析初期建立假设、进行模型迭代，精准地抓取规律性信息和内容团。

大数据 (当前状态、影响量级) **+** **小数据** (透视本质) **=** **明智的决策**

要想做出明智的决策,既要掌握事实,也要洞悉原因,所以离不开大数据和小数据的共同支撑。

2.2.2 小数据可以帮助洞察用户底层需求

还是拿老年人来举例,年轻人经常抱怨自己的父母大把大把地把钱花在保健品上,但极少思考为什么其中为数不少受过高等教育的父母也被"骗"得那么心甘情愿。如果你的父母也有过类似的经历,不妨先来看看如下案例中的这位老人。

- 王阿姨,68 岁,生活在某三线城市。她是一个独居的空巢老人。
- 退休前她在当地的一家大型国企工作,由于作风干练,一直被同事称为"王姐"。但现在已经没有人这样叫她了,大家一般叫她"6 幢 802 的王阿姨"。
- 孩子多年前就已经前往上海工作。她得知上海的房价和生活成本后,非常想帮助孩子在那边更好地立足。可是退休后的收入跟退休前差异很大,她时常偷偷盘算要不要把积蓄拿出来给孩子买房,却又非常担心孩子有了家庭后和自己处不好关系,这会让她老无所依。
- 一个人的生活让她感到非常孤独。孩子打电话回来的次数越来越少。她理解这是在上海工作的压力。因此,如果没有什么特别的事情,她也尽力避免打扰孩子。这进一步加重了她的孤独感。
- 与她同龄的很多朋友陆续前往子女生活的城市帮助他们带小孩。她也对此非常期待。但年龄上来后，身体上的各种毛病也多了起来。这让她非常紧张。虽然孩子提醒过她微信上的各种推文并不可信，但她还是抑制不住地点开看有哪些养生秘诀。

王阿姨小区附近最近开了一家保健品直销店。里面的店员都很年轻，跟王阿姨的孩子差不多大，一看到她就笑脸相迎，王妈妈长，王妈妈短，叫得可亲热了。这些店员平时还想着法儿帮她的忙，换水、提东西，二话不说。得知王阿姨身体不太好，店员还介绍各种健康讲座给她。王阿姨忍不住好奇，去讲座现场看了一下。哇！好多像她一样的老人在听讲座。

说到这里，是不是能够理解为什么老人那么容易被骗了？卖保健品的之所以能成功，是因为他们能洞察到用户的底层情感需求，并且比你更能共情！这种底层需求会深度影响人的决定，如果只看到表象就去提供服务，那就如同隔靴搔痒，打动不了用户。**大数据可以抓出很多事实，但很难捕捉冰山下的底层需求。**

诺亚财富曾请我们利用小数据帮助优化客户服务体验，在红海市场中提升公司获客效率，进一步赢得市场注意力。

高净值客群资产在数千万乃至数亿元不等，在资产规模上属于中国顶尖的 0.1% 的人，这个客群相对较为神秘，因此共情和洞察高端客户需求难度极高。

项目团队仅筛选了最具代表性的 5 个城市的 16 个样本,对客户和潜在客户做面对面的深度访谈与调研。采集的这些数据虽然是小数据,但足以让我们发现客户的共性和个性,洞察他们的底层需求,并且最终找到实实在在的创新机会点。

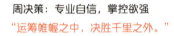
周决策:专业自信,掌控欲强
"运筹帷幄之中,决胜千里之外。"

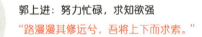
郭上进:努力忙碌,求知欲强
"路漫漫其修远兮,吾将上下而求索。"

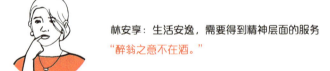
林安享:生活安逸,需要得到精神层面的服务
"醉翁之意不在酒。"

深入分析这些小数据后桥中发现,即使选择同一个理财产品,客户的需求也并不相同。于是我们将这些客户分成三类,分别是运筹帷幄的周决策、努力奋进的郭上进和需要得到精神层面服务的林安享。

周决策是专业自信、掌控欲强的一类人,他们希望与专业机构保持平等,独立决策;郭上进的特点是努力忙碌、求知欲强,他们不仅需要理财顾问做产品推荐,还想和理财师共同成长,提高自己的财商;而林安享生活安逸,非常信赖和依赖理财师,将理财问题全权交由他负责,希望他给予自己情感上的关注。

对这几类客户，我们提供了针对性的服务：向周决策提供中立全面的信息渠道和专业有深度且独到的视角，用权威专业的行业分析报告帮助他们做判断；向郭上进提供专家讲座、明星理财师的观点，帮他们了解选产品的逻辑，精进金融理财能力；为林安享提供情感上的关怀，让他们感到备受重视，享受"躺着赚钱"的乐趣。

所以，同样是高净值人群，对资金的控制度、对专业人士的信任感以及个性的不同决定了他们有着不一样的行为；而对于不同类别的客户，企业应该采取不一样的沟通和销售策略，以增加获客量、提高转化率。

试想如果只通过大数据进行分析，冰山之上的数据都是同质化的，看不出任何个性需求。只有层层挖掘"冰山下"隐性的、潜在的小数据，才能理解用户深层次的需求。冰山之下，才是服务设计的起点，用以转化新的机会点和服务战略，定制出触动人心的服务。

2.2.3 大数据和小数据的结合才能更好地帮助企业走近用户

小数据可以帮助企业走近自己的用户，面对面地了解他们的生活方式，近距离地观察他们在真实场景中对产品的使用，更重要的是可以走进他们的内心，体会他们的喜悦与忧伤、期待与担心、进取与恐惧。

为什么第一代无人超市失败？它们明明运用了很多先进的科技，但还是引来了无数吐槽。因为用户可能会为了打卡而光顾一次，但不会只为了科技而光顾，他们需要的除了产品，可能还有有人推荐、有人指引、有人解答，甚至有人送货。

另外一个很好的例子是爱彼迎（Airbnb）。2008 年夏天，爱彼迎的三位创始人布莱恩·切斯基（Brian Chesky）、乔·吉比亚（Joe Gebbia）和内森·布莱卡斯亚克（Nathan Blecharczyk）完成爱彼迎网站的开发后，生意一度非常糟糕。他们找了 10 多个投资人却没有人理他们。很多人觉得这不是一个好的创业想法，甚至觉得"那些想要把自己的家租给陌生人的人都有病"。

直到他们找到创业孵化器 Y Combinator 的负责人保罗·格雷厄姆（Paul Graham）。当保罗听到爱彼迎最大的客户群其实是在纽约之后，对他们三人说："你们现在在加州的山景城，但是你们的用户在纽约？"三人面面相觑："是的。"保罗对他们说道："那你们还在这儿待着干吗？快到你们的用户那里去！"⊖

这番训话与硅谷的传统智慧很不搭调，因为硅谷人历来相信数据和技术能解决所有问题。不过他们还是采纳了保罗的建议，飞越半个国家跟客户混在一起。

⊖ 钱科雷，等. 2018 年最佳设计企业排行榜 [J]. 财富，2018（1）.

2009年，乔和布莱恩亲自去纽约体验了24家不同的房源，试图找出问题的根源。他们发现问题简单得让人难以置信，生意不好完全不是因为大家不愿意去住陌生人的房子。也就是说，根本不是商业模式出现了问题，而是因为房源不够吸引人，房东不会拍照，不会写文案，没有人愿意去住一个没有吸引力的住所。

于是，他们花了高昂的费用借了一部高档相机，挨家挨户免费为许多纽约房东拍摄照片。很快，纽约的订房量涨了两三倍，当月，公司在当地的收入整整增长了一倍。这一做法很快被复制到巴黎、伦敦、迈阿密等地。[⊖]

回到本节开头的那个问题。本书的回答是：大数据不能取代对于人的理解。无论是大数据还是小数据，有用与否都取决于它是否可以解决实际问题。我们的主张一向是"黑猫白猫，抓住老鼠就是好猫"。在实际工作中，应该根据实际情况灵活运用这两种数据分析方法，以解决企业在发展中所面临的具体问题。

通常来说，**越是在产品或服务设计的早期，越是倾向于使用小数据**。因为在这个阶段，寻找灵感、寻找不同、寻求共创才是主题。而对于企业长期的战略发展方向，则需要看大数据。

2.3 用户洞察，打开商业新思维

前面提到过，以用户为中心并不是简单地给用户提供他们想要的东西，而是要深入洞察用户需求。

那么到底什么是用户洞察呢？

用户洞察是对用户新鲜的理解，这种理解可以帮助企业产生策略性的解

⊖ 李湘莹. 爱彼迎创始人：3个青年的逆袭之路 [N]. 南方都市报，2017-12-08.

决方案。洞察,必然是隐藏在事实背后的东西。用户直接告诉你的,以及你看到的表面的东西,并非洞察。

1. 对用户新鲜的理解

我们平时针对用户进行研究,无论采用哪种方式,都会获得两个层面的结果。第一个层面是信息层面,也就是你听到的、看到的、收集到的事实、观点或态度。这些信息被我们加工后会到达第二个层面,也就是对用户的理解。

是不是所有对用户的理解都可以被称为洞察呢?答案是否定的。

商场决胜,无论是选择产品、营销、品牌还是其他手段,基于大家都知道的信息和理解,"守正"勉强可以,"出奇"则几无可能。现在竞争这么激烈,若不能出奇制胜,基本上就会被竞争对手越甩越远。

因此,企业每次进行用户研究,所寻求的不是大家都知道的东西。用户研究员需要提出对用户新鲜的理解、新颖的观点或独特的角度。这也是为什么竞争越激烈的行业,寻找用户洞察越难,因为起点被推得很高。

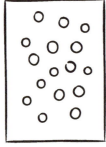
第一层:信息

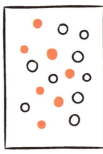
第二层:共识

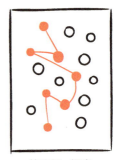
第三层:洞察

2. 可以帮助企业产生策略性的解决方案

以用户为中心并不是为了了解用户而了解用户。它的终极目的还是要帮助企业能够取得长期的成功。所以，用户洞察一定意味着可以帮助企业产生策略性的解决方案。如果走近用户后有了对用户的新理解，但这些理解对于产生解决方案并没有帮助，那它们也不能被称为洞察。

2.3.1 换个角度，看见冰山之下的洞察

寻找用户洞察确实是一件很不容易的事情。但这也是用户研究中最有意思的部分。虽然用户洞察会有不同的表现形式，但大体上会来自以下几个方面。

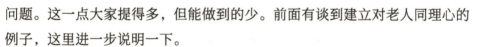

1. 转换角色，建立同理心

进行用户研究的一个重要意义就在于可以帮助我们转换角度，从用户的立场出发看问题。这一点大家提得多，但能做到的少。前面有谈到建立对老人同理心的例子，这里进一步说明一下。

在一家医院里，有个住 6 人病房的老爷子抱怨说病房里太吵，来探视的家属太多，让他没法休息。初听很容易觉得他的需求就是要安静。但如果真能从老爷子的角度去看这个问题就会发现，其实不然。

其他病人的亲朋来探视，他觉得吵，但如果是他自己的亲朋来探视呢？他表面是抱怨病房太吵，实则是为没有人来探视自己而发泄。站在用户的角度来看问题，绝不只是形式上听听老爷子的抱怨，然后将其反馈给客户。这只是个普通客服所干的事儿，不是用户研究。

如果没有这样的洞察，医院可能只是让护士去安慰一下他的情绪，或者限制其他病人的家属来探访。这样的方式难以取得理想的效果。说不定还会引起更多的冲突。而一旦理解了对方的真实需求是关爱，则有很多更好的方式可以来解决这个问题。比如入院时看到老人可以多问几句他的个人状况，然后在后期护理的过程中给予针对性的照顾。

以用户为中心，要学会站在对方的角度思考。

2. 全新触点，全新模式

用户的整体体验来自他们的五感（视、听、触、闻、味），从一系列的触点中所接受到的信息。在服务设计的用户研究中，非常强调对于触点的发现与有效管理。

前文所举的爱彼迎的例子也是对触点的一个很好的说明。在网上，租客寻找心仪的房屋是通过房东贴出来的照片这个触点来进行决策的。房屋的品质再好，如果不能通过照片展示出来，就无法打动租客。这跟相亲网站的照片"男生都是高富帅，女生都是白富美"是一个道理。

中国内地唯一一家 2019 年"全球 50 最佳餐厅"，紫外线餐厅（Ultraviolet By Paul Pairet），人均消费 5000 元以上，有钱还得排队三个月。它是米其林三星，与其说是食物色香味俱全，不如说它洞悉了用户对味觉之外的五感期待，突破传统形式，让顾客去体验一场与食物相关的"感官料理"。

在这里，上菜的同时，餐厅的四周墙壁、桌面都会变成画布，把关于这份食物的想象发挥到极致：比方说下一道菜是海鲜，你周围的场景就会换成海底世界的全息投影，让你沉浸其中不说，还会有海浪声和海鸟的叫声，就连空间中都弥漫着海的味道。

这个洞察，在创造食品口味奇迹的同时，更**突破认知极限，打造非凡的**

服务体验，形成全新的、深刻的记忆。

3. 发现不可说的仪式感

用户在日常生活中，有很多行为只是一种仪式或象征。有很多是大家知道的仪式，比如中秋吃月饼代表团圆、喝红酒代表浪漫等。但在大家的生活中，总会有一些不用明说但一定会去做的举动。如果不做总觉得少了点什么，或者觉得这事没做对。

现在，年轻人结婚的时候都会有一系列的仪式。其中一个是新娘的父亲把女儿的手交给新郎。这象征着把照顾这个女人的责任从一个男人转移到了另一个男人的手里。我们在给某家国内顶级婚庆服务公司做创新咨询时，发现了婚礼中的一个空白区域：父亲的责任移交了，母亲的责任呢？

在与用户的访谈中，桥中发现很多准新娘对母亲最深刻的印象是从厨房往外端她的拿手菜。于是，我们给婚庆服务设计了一个新的仪式，即提前安排新郎向准岳母学习一道妈妈最拿手的菜，然后在传统仪式结束后、婚宴上菜之前，安排新郎把这道他新学的菜端给新娘。这象征着新郎也接过了在生活中照顾新娘的职责。后来实施的情况表明这是一记重磅催泪弹，不知情的新娘看到熟悉的菜品时往往泪流满面。

4. 关键时刻让你重新认识运营

以用户为中心虽然需要系统地梳理服务的整体流程和触点，但并非所有的流程和触点都同等重要。寻找用户洞察很重要的一个方面就是在整体服务流程中确定关键时刻或场景。

大家可能或多或少都有过搬家的体验。上次搬家时我打电话给搬家公司预约搬家服务，搬家公司的销售人员问我 5 吨的车要几辆？坦率地说，我直接被问倒了。因为我既不知道我有多少东西，也不知道 5 吨的车能装多少。

在给他们描述完我有哪些东西后，他们认为一辆车应该够了。然而最后的结果是一辆车显然不够，临时加调了一辆车。

我印象里那次的搬家经历就是全程乱糟糟，大幅度超预算。因为担心现场太乱会丢东西，所以我给他们提供了很好的"服务"，送水递烟，在他们休息的时候怕他们无聊，还陪他们说话。

大家不妨思考一下：对于搬家来说，关键时刻和场景是什么？用户是非专业的。我们中的大多数人都不会天天搬家。搬家公司把评估工作量这个责任交给用户，这对双方来说都是在冒险。

在这个问题上，日本的搬家公司就做得很好。他们会主动承担最关键的搬家前的评估和计划工作。在正式搬家前，搬家公司会亲自上门，查看需要搬走的家具和各类生活用品，分类列出详细清单，并根据实际情况，送来搬家时需要用到的尺寸不同的大小纸箱和胶带。你有没有一下子就对他们的专业产生依赖感？

5. 全面搜寻细节以提供完整体验

服务与产品不同的一点在于体验的完整性。产品的物理属性决定了它在很多场景下只能提供部分体验。一个简单的例子是咖啡馆里的咖啡。咖啡再好喝也不能撑起顾客在咖啡馆里的整体体验。因此，以用户为中心来获取洞察也需要通过完整梳理顾客享受服务的全流程，并尽可能挖掘相关细节来保证服务体验的完整性。

还是拿搬家的例子来说，日本的搬家公司对细节的考虑非常周到，所有的细节加在一起就产生了用户体验的质变。

细节1：搬家过程中难免有磕磕碰碰的事情发生。日本的搬家公司为了避免家具和墙面损坏，工人们会先在大门、狭窄的走廊处铺好防止刮擦的防护膜，避免搬东西的时候碰撞墙壁而产生破损。

细节2：不论新旧，家具在家里待了那么久，总会有很多灰尘。日本的搬家公司会在搬走之前，先帮你打扫干净，不让灰尘进入新家。

细节3：大小物品的分类打包。我相信大多数家庭在购买家具家电和一些生活用品时都不会保留所有的外包装。毕竟现在房价这么贵，留出那么大的空间放置空箱子过于奢侈。日本的搬家公司，会把你家所有需要搬走的东西全部分类，分别装进不同的量身定制的打包箱里。是否会觉得很安心、很省力？

细节4：按要求或原样摆放。到新家后大件物品按要求摆放，而小件物品会按原样摆放，让你在新家中找到熟悉的感觉。

细节5：搬完后打扫干净原来的房子和新房子，使主人的居住体验不会受搬家这件事情影响。

细节6：提前帮你准备伴手礼，避免嘈杂的搬家影响你和邻居的邻里关系，为你和邻居的沟通营造一个良好的氛围。

细节7：他们还会代办因为地址变更引发的一系列手续，比如如果是公司，就可能需要去银行和工商局办理地址变更等手续。

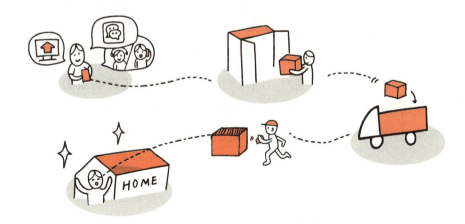

相较日本搬家公司而言，有的搬家公司没有强调以人为本。它们所提供的服务是搬走客户家里的"东西"，而不是搬"家"。日本搬家公司把所有这些细节加在一起，产生了很神奇的效果，它们才是真正的搬"家"。

6. 识别个性化的需求

现在各行各业发展速度都很快，大众化的服务很容易被跟进模仿，或者变成标准化的行业服务。服务的持续创新要关注个性化的需求。比如日本搬家公司发现客户中有许多单身独居女性，不希望很多男性出入闺房，他们就会安排女性搬家工人为这类客户服务。

日本的搬家公司还会根据客户的实际需求，提供许多个性化的服务。比如在用户搬入新家前，提前对新家进行针孔摄像机和监听器的扫描，排除一切遭遇变态房东的安全隐患。

要想从用户那里获取深度的洞察，不能仅靠空想与热情。很多企业会要求各级管理人员深入一线巡查或访谈用户，经常在有用户研究项目的时候派出很多企业人员陪同访问用户，但实效并不显著。这通常是由于很多企业人员带有强烈的主观意见，他们在访问用户时往往只愿意听到自己想听的东西。这样的结果并不比没有访问更好。

研究之前当然应该有假设，但进入实地阶段后，一定要忘掉所有假设，不带任何主观偏见去了解用户，向他们学习，这才是正确的做法。除此之外，去现场观察和与用户聊天也有其相应的技巧。在下一节中，笔者会分享一些容易操作的小技巧，让大家可以像专业的用户研究员一样与用户互动。

2.3.2 与用户聊天：科学还是艺术

要获取用户洞察，就免不了要与用户聊天。坊间传闻，马化腾每年要与

200个用户访谈。实际上，现在越来越多的企业高管非常重视与用户直接沟通的机会。

但要从用户那里获取有质量的信息没有那么容易。接下来向大家分享一些与用户高质量聊天的小技巧。

1. 不要一连串发问，一次只提一个问题

以下3种情况，是不是经常发生在你与用户的对话之中？

（1）提了一个问题，不等用户回答，又提了一个或多个相关的问题。比如"您家里有几口人？孩子多大了？您平时一天是怎么度过的？"这种时候，用户可能只记得最后的问题或其中相对简单的问题，而漏掉了其他的问题。

（2）提了一个问题，不等用户回答，你自己就开始试图解释。这种情况一般发生在用户碰到比较困难的问题时，你看用户沉吟不语，自己先急了，开始按自己的理解各种解释。结果往往是用户因为信息过载而"爆脑"。

（3）提了一个问题，用户还没有说完，你已经得到启发，思维开始跳跃。结果可能是用户思路被打断，开始跟着你走，真实想法得不到体现；也可能是用户的意思并未表达完整，得到你的肯定后很得意，于是对说过的点大加发挥、反复强调，其他本来打算说的话忘记了或不说了。

对于以上所有类型，解决方案很简单：淡定！提一个问题，然后等待用户明确的反馈后再决定追加提问或解释。

如果用户长时间不说话，先与用户确定他在思考什么，再决定是更换提问方式还是解释，以及如何解释。如果用户说到让你兴奋的点，不要打断他，让他说完，然后追问两次"还有吗"后，再就新想法提问。

2. 不要只询问态度，分清事实和观点

在用户访谈中，尤其是在与产品开发相关的访谈中，用户陈述的事实比观点更重要。比如有用户在访谈中提到"如果奶粉罐体小一点的话，手小的人就会比较好抓"。乍一听，似乎很有道理，仔细一想，其实他什么都没有说。

罐体小当然手小的人好抓。对你来说，需要弄清楚的是他有没有碰到过不好抓的问题。如果有，是在什么场景下以何种方式发生的？不好抓的表现形式是什么？会带来怎样的结果？对普通中国人的手来说，这个罐体究竟是大还是小？等等。

用户在访谈中会试图以他的方式帮你说出这类毫无营养的话。我亲眼见过很多缺乏经验的访谈者问到这里就停止了。我在追问用户后，他们多数会认为这个大小无所谓，纯粹"觉得"对手小的人来说，罐体小会好抓。

关于区分事实和观点，无论如何强调也不过分。我之前还举过这样一个例子，"我喜欢喝咖啡"，这句话大家觉得是观点还是事实？有些人认为是事实，但实际并不是。下面我用三句话，向大家说明什么是事实。

（1）我每天都会喝两到三杯咖啡，在家或者在办公室时，我会用自己烘焙的咖啡豆当场研磨、冲泡；如果在外面，我会去星巴克或者COSTA买新鲜的咖啡。

（2）我每周都会在大众点评上挑一家比较有特色的咖啡馆，去待上半天，平时因为工作忙，我倒是不常去。

（3）我经常出差，所以会随身携带雀巢1+2，这样想喝咖啡时，身边有热水就可以冲泡。

仔细比较这三句话和"我喜欢喝咖啡"的关系，你们会发现，"我喜欢喝咖啡"并不是一个事实，而是一个观点，是用户总结自己的行为后得出的

结论。这三句话，任何一句都可以得出"我喜欢喝咖啡"的观点，但对企业而言，背后的商业意义是显著不同的。

3. 不要忽略细节，重要问题追问三次

我们前面提到，洞察是对用户新鲜的理解，这种理解可以帮助企业产生策略性的解决方案，它大多都来自对细节的推敲。因此与用户对话时，对同一个开放问题一定要连续追问三次以上。当你礼貌地追问后，用户会被引导进行深入思考，并提供进一步的信息。

比如我们问一个青少年在线教育课程的用户："你觉得这堂课怎么样？"用户回答："我挺喜欢的。"这时可以继续问："你喜欢里面的哪些内容？"用户回答："我最喜欢这个老师。"听到这里，还可以再追问："为什么喜欢这个老师？"用户回答："因为这个老师每次上课都会穿插一些小游戏，让我觉得很有趣。"

这样一来一往，我们就会知道，吸引这位用户的是课堂里有趣的游戏，而不是课件或其他内容。

由此可见，无论是对用户心理还是行为的研究，一定要包含足够充分的细节。而得到这些细节的重要方式，就是尽量多地追问，获取更深层的原因以及更全面的事实。因为洞察的一个特点就是隐藏在大家所熟知而又没有注意到的行为或理念里。

4. 不解释或不纠正被访者，听他们说完

我们的项目团队常常遇到这样的情况：客户跟我们的团队一起进行用户访谈，当用户对客户的产品或服务有一些负面或表示不理解的评价时，客户都会急忙想要解释他们设计的初衷和原理，为自己辩解。

我们不建议这样回应用户。和用户聊天是为了获取最真实的数据，了解他们真实的行为和体验，所以我们更应该去倾听，而不是解释或纠正用户的任何说法，因为没有人比他们自己更了解自己的体验。

比如，当我们听到用户说出"我的账户利息减少了，我感觉非常不安"的话时，我们不应该辩解："这是有原因的，我跟你解释……"而是应该点头表示理解，并询问："能跟我具体说说你在担心什么吗？"

5. 不要问引导性问题，多问开放性问题

访谈过程中要避免封闭式的提问，比如是否题、选择题。问题中也不宜含有暗示性词语，引导用户的回答。正确的做法是保持开放心态，问非引导性问题，让用户分享体验。

比如："您是不是很喜欢这个功能"就属于封闭式、引导性的问题，而"您觉得这个功能怎么样"则是一个开放性问题；"您也喜欢ING银行的开户流程吗"就属于封闭式、引导性的问题，而"能跟我说说您的开户体验吗"则是一个开放性问题。

当用户听到封闭式的提问，他们下意识地会在访问员给出的选项中进行选择，无意中被引导，这样的回答可能会失真，也可能使访谈变得生硬。

开放式的提问能够使用户主动说出他们真正在意的内容，有利于我们后续针对他们的回答进行追问，由此挖掘出更丰富的细节，得到意想不到的洞察。

6. 不要评判用户，保持价值中立

在和用户聊天时，要对用户保持尊重的态度，保持价值中立，不要让成见和偏见蒙蔽自己的双眼，也遮住事实和真相，错失了洞察。

在男性化妆品项目上，我见过一个没有经验的研究员这样提问男性用户："××先生，你平时都用些什么化妆品？"提问方式本身没有问题，但提问时研究员忍不住轻声笑了。这声轻笑让用户筑起了防御心理，感觉自己作为男性使用化妆品的事让研究员发笑了，于是尴尬地辩解："其实我平时也不怎么用化妆品。"评判的结果是用户隐藏起自己的真实行为和想法了。

作为社会性动物，人人都希望得到他人的认可，普通用户更不例外，我们与用户对话时必须要摘掉所有关于性别、种族、国籍等的有色眼镜，不要有意无意地将自己的价值取向加在用户身上，只有保持客观和中立，才能得到最客观、最有价值的一手信息。

2.3.3 设计新的关系

服务设计行业有一个趋势，服务设计师越来越细分，其中一个细分的方向叫"关系设计师"。他们用新的维度看企业内部或者企业和客户的关系，探索如何重新设计。例如将"客服部"定义为"客户成功部"，"人力资源部"定义为"员工体验部"。新的关系发生时，新的意义就会产生，同时也会带来新的服务和新的价值。

在服务链路中创建新的关系，能给用户耳目一新的感觉。我们都期待在网上购物下单后能尽快收货，但是有一类人并不在意货品被延迟送达，心甘情愿为此买单，这是怎么回事？

得物 App 是一个潮流网购平台，上面入驻了很多潮流卖家。买家在得物下单后，卖家会把产品寄给得物的潮流商品鉴别师。如果产品是完好的正品，鉴别师会给产品配上精美的证书，一起寄给买家；反之，如果产品是假货或有瑕疵，鉴别师也会告诉买家，买家自行选择接受或者退货。

得物是"鉴别服务"的开创者。虽然用户收货的时间延长了，却增加了对平台和商家的信任感。

得物的服务中，卖家发货到买家之间，增加了一个"鉴别者"的关系，也因此增加了信任的价值，这是在服务链路中创建新关系的价值。为了凸显价值，得物改变了服务人员的名字，"验货员"摇身一变，成为"潮流商品鉴别师"。

为了强化这一形象，得物还签约了数百位业内顶尖、具有多年经验的潮流商品鉴别师。鉴别师不仅是大神级球鞋（sneaker）玩家和潮人，更是潮流领域的"研究人员"，他们会系统地研究海量球鞋、服装、潮玩等产品；同时，通过资料收集、数据对比、档案建立、样本拆解和仪器检测等，力保鉴别的准确性；此外得物还设有独立的查验环节。

电商巨头都有自己的"一招鲜"，当年淘宝以"电商移动化"突围；近年来崛起的拼多多则主打"电商社交化"；而得物，通过关系的重新设计，让我们看到垂直"电商服务化"的趋势。

得物能否凭借"电商服务化"的招数成为独角兽？还有什么领域有服务化的机会？

2.3.4 百闻不如一见：观察找到洞见

观察是另一项跟用户打交道的必备技能。即使是在访谈方面非常有经验的研究员，也无法通过访谈获得所有的信息。这是由于访谈这种方式的先天不足所导致的。以问答为主的访谈受制于很多限制因素。这里主要跟大家说两点。

1. 选择性注意与选择性表达

再能说的受访者也难以用语言描述所有的细节。心理学上有个现象叫作"选择性注意"，意思是大脑会选择它认为重要的东西加以关注。用户在表达信息的时候也会选择性表达。

大家可能都玩过传话游戏。第 1 个人告诉第 2 个人一句话，然后第 2 个人再告诉第 3 个人，然后依次向后传。参与的人越多，最后 1 个人听到的与第 1 个人所说的差异会越大。

在以语言为主的访谈里，用户本来就不会注意到自己在操作过程中的所有细节。他们当时所注意的细节未必每个都还记得，记得的那些细节也未必每个都会提到，说的那些细节也未必每个都是原样。

2. 1% 与 100%

企业所提供的产品或服务，对于企业管理者来说，这是工作的 100%，但是对于用户来说，这只是他们生活中的 1%。大家可以设想一下自己每天要和多少种产品和服务打交道。早上醒来，即使你什么事情都没做，你所躺的床、盖的被子、搁着脑袋的枕头、身上穿的睡衣……都是商家绞尽脑汁才卖给你的东西。

我们必须要清楚，绝大部分用户不会像企业那样熟悉自己的产品和服务。**对于企业来说是身家性命的东西，对于用户来说只是过眼云烟。**

所以，期待用一场访谈发现所有用户问题的想法注定会落空。俗话说，百闻不如一见。深入洞察用户除了要会问，还要善于用眼。这里也跟大家分享几个观察的小心得。

3. 观察细节的时候要联系整体

在日常生活场景中观察用户时，一定要关注细节。无论有没有观察到比较奇特的场景，都不要急于下结论，而应该尝试弄清楚自己所观察到的场景在用户的生活中到底处于什么位置。华南理工大学的何志森老师在演讲时举过一个很生动的例子。

一个法国建筑师去非洲，一路看见非洲妇女用最原始的方式把水背回家，他特别难受。去了村子之后他就跟村长说："我要帮你们每一家每一户都设计一个水龙头，让你们在家里就可以洗东西。"第二天非洲妇女就不干了，上大街游行，反对这个决定。为什么？因为在非洲，妇女在家里的角色就是做饭、打扫卫生、照顾孩子，她们几乎没有交流的权力。她们所有的日常交流、情感倾诉、对男人的不满、八卦，全都在水井旁边发生。这是她们唯一的情感交流空间，如果这个空间被剥夺了，那她们的生活肯定会跟原来不一样。

这个例子中的建筑师注意到一个现象——非洲妇女需要背水回家。对于一个来自现代社会的人来说，这当然很难接受。**但作为一名观察者，我们需要注意避免用自己的感受代替别人的感受**。此外，我们还要联系打水这个场景在用户生活中的作用才能得到正确的结论。

这个故事发生在冈比亚，一个位于西非的国家。这个村子有900口人，靠两口人工打水的水井供水。由于使用量过大，水井的设施经常被损坏，从而迫使村民前往一些并不可靠的水源取水。这会导致很多村民生病。

如果只了解这些，会像上面的建筑师一样很快得出结论：当然是给每家每户提供自来水！

观察村民排队打水的场景，不难理解为什么村民会反对在自己家里装自来水。这确实是一个非常好的社区社交场合。这个项目的结尾是建筑师放弃了给每家每户安装自来水的想法，升级了原先的水井，使之具有1个4000L的大水箱、太阳能水泵和7个水龙头，从而兼顾了水量供应、清洁水源和社交等多方面的需求。

4. 观察时要延缓评判他人

观察时还有一项必须要注意,即无论看到什么都不可以评判被观察者。

我们曾经做过一个门诊输液的项目。医院的工作人命关天,护士长们在工作中对护士都很严厉。任何时候都不容许护士出一点点差错。在我们的访谈、观察工作中,也时常感受到护士们紧张的情绪。

单看护士们出的差错本身,对她们严格要求并没有什么问题。因为小错误对病人可能是大问题,比如字写错、时间不对,等等。但当我们把医院甚至中国的医疗环境放进来考察时,会发现中国护士的工作量是许多外国同行们的十倍甚至更多。

现代医疗服务体系和产品大都源于西方国家,是根据西方国家的实际情况来制定的。欧美国家比较普遍的情况是人少,很多服务标准和服务体系是在这样的前提下制定的。它们被照搬到中国来,就呈现出巨大的不合理性。

如果只是一个人经常出错,那可以说是这个人的问题。但如果是整个行业存在问题，那我们必须反思服务体系和服务标准的合理性，这样才能从根本上解决问题。

在访谈和观察的过程中，我们需要花费很大的精力向医疗从业者们解释：我们并不是来挑他们工作中的毛病的，而是希望重新设计服务来帮助他们。一旦他们理解后，工作的开展就会顺利很多。

5. 尽量提前做好充足的准备或进行影像/视频记录

之前也有人问我，当一个好的观察者是不是应该会画画？应该这么说，绘画高手确实应该善于观察，但善于观察的人未必要很会画画。对于观察新手，前期的准备工作特别重要。我们往往在正式观察前，会数次踩点或预演，提前尽量多地预估观察过程中可能碰到的情况，并讨论有哪些内容在试点期间缺失。大家常规会觉得观察靠临场发挥，但实则不然，成功的观察往往源自事无巨细的计划和多次预演。

即使这样，我们也会在实地过程中尽可能地寻求用影像或视频记录的机会。俗语说"好记性不如烂笔头"。访谈要靠笔记和录音，观察则要靠照片和视频。

实际工作中，我们往往不能随时随地去做观察。照片和视频则给不同人提供无限次进入那个时空的可能。在时间和条件允许的情况下，我们应该尽量用影像记录，从而在后期多看，以勤补拙。

2.3.5 百见不如一试：亲身体验搭建与用户的沟通桥梁

虽然服务提供者不能把自己当用户，但以用户的视角体验他们的生活，或者接受服务的过程，可以获得自己平时难以得到的洞察。这种方法源自人类学研究方法中的参与式观察。

与普通观察法不同的是，研究员并不是作为独立的第三方观察用户的所作所为，而是以用户的身份与真实用户一起完成相关的任务。这种方法可以带来最大的好处是避免"鸡同鸭讲"。

用户和用户研究员经常互不理解。在从业过程中，我们经常发现有些用户觉得"这种根本不用说的东西你怎么会不知道"，也经常有企业服务人员不理解用户，"你怎么会有这么多奇葩的要求"，这主要是因为双方缺乏共同经验范围，所以彼此不理解，难以沟通。

服务设计是以设计体验为基础的。我们首先要体验用户会体验到的东西，然后才能与他们有共鸣，能对话。前文让年轻的从业人员体验老年生活的例子就是一个很好的演示。年轻人筋骨完好，缺少行动不便的真实体验，因此给老年人设计服务时通常把握不住服务的细节。

很多养老机构或社区服务简单地给老年人提供洗衣、做饭、跑腿代购等服务，但这些远远不够。真正让老人痛苦的是由于身体上的原因导致与社会脱离。针对老年人，好的服务应该考虑如何帮助他们回归社会，重拾自己的价值感与生活乐趣。

我们之前还有一个项目是为盲人设计手机。虽然项目设计了针对盲人的入户访谈、跟踪观察等研究方法，但还是要求项目参与人员把眼睛蒙上一整天8个小时，体验盲人的生活。这一天的盲人生活使得之前利用常规研究手段获得的信息一下子生动起来。比如，为什么确定方位和秩序对盲人来说那么重要。

更为重要的是，这一天的体验改变了项目成员只是设计手机的想法。大家一致觉得手机只是载体，并不能直接解决盲人在生活中遇到的很多问题，这改变了之前手机设计的思路。项目最终的结果更强调手机如何更好地为盲人服务，而不是简单地让盲人能更方便地使用手机。

比如手机试衣服务。盲人出门前跟所有人一样，希望自己看起来面容衣着干净整洁、精神饱满，但是他们看不见自己的样子。最终的手机设计方案强调了如何让（独居）盲人利用手机让自己出门前能有自信的仪容。

与前两种走近用户的方法比，参与式观察/亲身体验需要投入更多的时间和精力，但是收获也会更大。研究员在执行过程中需要先放空自己，不带任何主观"先见"地融入真实的场景和用户中去，然后再跳出来内省和反思自己在这个过程中到底得到了什么。这个项目获得当年红星奖至尊金奖。

2.3.6　闻、见、试，助力京东流量破局

京东旗下的京东数科（原京东金融）有超过 2.4 亿的活跃用户，坐拥几十万供应商和合作伙伴的数据，作为互联网金融的头部企业可以说是风光无二。但即使有如此强大的背书，他们依旧面临流量不足的危机。

于是京东决定瞄准互联网原住民——90 后、00 后这一代的大学生市场，以一个互联网产品作为破局点，实现用户数量的病毒式增长，为金融业务提供场景，担起互联网头部企业应承担的重任。

作为企业转型的里程碑式的一步，京东数科相当重视本次创新，于是邀请桥中和著名产品人梁宁强强联手，帮助他们在企业内部首次应用服务设计定义破局点。

为大学生市场提供产品服务，必须了解他们的切实需求，跳脱对大学生的刻板印象，为此我们做了以下 3 件事。

1. 沉浸式观察 + 体验

我们把京东的团队带到苏州的一个大学城里，让他们花两天两夜的时间和大学生们在一起，住在校园里，吃学校食堂，满眼都是大学生走来走去，建立沉浸式信息环境。

2. 获取一手信息，深化洞察

团队的每位成员至少访问两名大学生，了解他们在大学生活中的痛与爽。整个项目有近 30 位京东的伙伴参与，和大学生聊天有助于建立京东团队的同理心。

3. 深度互动，共创产品的世界地图

我们邀请多位大学生参与共创，真实用户的参与让我们随时直面现实。以穷举的方式，把学生在大学里做过的所有事，交学费、打工实习、上课等写在一张张便利贴上，将学生的关键记忆梳理在大学时间线上。这就是大学生活的地图，也是我们要做的这个产品的世界地图的雏形。

通过与目标用户的深度链接和洞察，我们对用户和产品服务使用场景的了解不再是仅停留在高度概念化的认知中，而是看到了用户心里未被满足的深度需求——渴望社交又担心社交安全，想要赚钱补贴却面临时间碎片化问题，信息获取渠道多但真实可靠且相关的信息少，等等。从这些需求切入，我们产出了深度共鸣的产品服务机会点。

在项目结束之后的 6 个月内，京东校园产品 1.0——兔肚（To Do）上线，之后又迭代了两个版本，3.0 版本梨涡 App 正式上线后，获得用户一致好评，取得了 4.5 分的好成绩。

· 小贴士 ·

- 当时共创团队共 4 组，而副总裁带队的那组是唯一没有任何产出的组。这是怎么回事？
- 答案在第 3 章 3.1.4 小节"老板拍的脑袋，被用户第一个毙了"。

2.3.7 梳理分析用户洞察

用户洞察需要经过梳理分析，梳理流程可以分为三个步骤：

1. 消化

这意味着我们需要理解并挑出这些原始数据的精华。我们可以阅读这些原始数据，发现有趣的客户原话，把它们转录为文字写在便利贴上。

2. 分享

团队的每个成员可以用讲故事的方式，分享并讨论这些数据，帮助彼此理解这些数据。

3. 聚类

我们可以把上面的便利贴，按照以下分类分别贴在不同的区域。聚类让我们更深入地理解这些内容，并从中获得洞察。通常情况下，我们会把这些便利贴，分成四种类型，并重新组织语言：

（1）需求。需求包括了功能性需求、社会性需求和情感需求。功能性需求描述用户想要满足的特定需求或实现的某个目标；社会性需求描述用户想要他人如何看待自己；情感需求描述用户寻求的某种特定的情绪感受，比如他们感觉良好或安全。我们可以用"我想要＋需求，动机或目标"的格式，描述出用户的不同需求。

（2）行为。行为指的是用户为了实现自己的需求而做出的行为或活动。通常，这些活动会涉及某个触点和情景。我们需要注意，用户的活动和触点因人而异，而背后的需求可能是相同的。我们可以用"我＋动词＋触点"

的格式，描述出用户的行为。

（3）痛点。痛点是未预见到的结果和问题。痛点和需求一样，可以是功能性，社会性及情感性的。它可能是阻碍，阻碍用户达成任务的事物（如时间或钱不够），也可能是风险，比如用户在处理某项任务时可能碰到的问题。

（4）爽点。爽点包括必要爽点、期望爽点、渴望爽点和惊喜爽点。必要爽点是基础的，没有此类爽点，解决方案就无法起作用。期望爽点是用户所期望的，但相对而言还是比较基本的。渴望爽点是用户内心渴望的，并且能自己想出来的爽点。惊喜爽点是超出用户预期的爽点。

2.4 以用户为中心是对企业管理者的底层能力要求

获得小数据的方法当然还有很多。但所谓以用户为中心，更重要的是理念，而不是技巧。就像之前流行的"人人都是设计师"那句话，对用户需求的把握和对用户的重视，是对一个企业管理者的底层能力要求。只要能真正把用户放在心中，技巧都是其次。

因此，企业管理者固然不能不把用户需求当回事儿，天天盯着自己工作中的一亩三分地；也不能把用户看得过于高冷、把用户研究看得过于神秘。勇于尝试和实践，会从用户那里得到无数灵感。

2.4.1 从人出发定义产品和服务

在开巴开业后不久，我们根据店里顾客消费的行为和动机，把他们分成了三类人：啤酒爱好者、美食爱好者和氛围享受者。

啤酒爱好者　　　　　　美食爱好者　　　　　　氛围享受者

（1）啤酒爱好者：他们是新鲜事物爱好者，他们对开巴能够提供如此多种类的精酿啤酒感到欣喜若狂，他们有自己的喜好，同时希望尝试更多新产品。

我们为啤酒爱好者定制了专属服务。服务员会记录他们每次来所喝过的啤酒。在他们下次来的时候给他们推荐不同口味的啤酒。当时开巴有100多种啤酒，能全部品尝一遍是啤酒爱好者非常有自豪感的事情。

（2）美食爱好者：他们不局限于场域，只要口味好，价格合理，酒吧也可以是吃晚餐的地方；而且，一定要吃得优雅动人。

我们为美食爱好者举办不同的美食活动，引进世界各地的美食。并且针对他们想要在酒吧优雅地吃，特地设计了用牙签插的香肠，可以两根手指捏着吃的棒棒糖鸡翅。

（3）氛围享受者：他们沉浸于开巴与众不同的轻松、安静的酒吧环境，不同的啤酒配不同的杯子，不能吸烟，没有用于玩飞镖、桌球、骰子等其他酒吧常有的喧闹场所，他们将开巴看作理想的社交与休闲场所。

我们跟氛围享受者共同举办他们各自领域的活动，把空间开放给更多的社区。这些事情当时鲜有人做，我们跟顾客互动的过程中发展出这些理解和服务，很好地提升了顾客体验。

2.4.2 深度需求洞察带来巨大服务增值

同样的业务范畴，由不同的企业递交服务，给用户传递的价值会天差地别，其中影响最大的因素之一是企业对用户需求洞察的深度。新荣记很好地体现了深度需求洞察所带来的巨大服务增值。

传统意义上，餐厅满足用户的需求是吃饭。如果你花费 15 元买一份盒饭，那真的是为了"吃饭"，但如果花费上千元请人吃饭，那你的需求绝不仅是"吃饭"。

新荣记位于香港铜锣湾，专做台州菜，空间仅有 500 平方米，但定位高端，人均消费高达 5000 港币。

新荣记请柬：
可手机转发的精致请柬

2017年，这家新荣记还处于月亏100万港币的状态，但到了2018年，它的年利润却达到6000万港币。这一年间，餐厅位置没变，厨师没变，到底是什么让这家店实现华丽逆袭？

当时新接手新荣记的运营者深度洞察了来这里消费的商务宴请者在吃饭背后的社交需求，围绕着这个需求做了这3件事：

1. 用请柬打造社交货币

传统请人吃饭的邀请形式有简单的文字信息，语音沟通，或者讲究的餐厅会在每个餐位放置菜单。

而新荣记为请客的主人制作了可供手机转发的精致请柬，第一屏是雅致的请柬，写着时间、地点、宴会主题。第二屏开始，列这一餐的菜单，写得非常诗情画意。最后一屏，是一首为本次宴会写的诗，再配一幅符合宴会预期氛围的精美图片。

请柬摇身一变成为一枚社交货币，实现餐桌上的多方共赢：

- 客人感受到被重视
- 主人请客很有面子，请客成功率提升了30%
- 店方通过和主人沟通菜单，加强了彼此的友谊

2. 用菜品解说让客人颅内高潮

新荣记会为客人介绍今日菜品的讲究和独到之处。用户体验30%是生理体验，70%是心理体验。开一支一万元的红酒，如果闷头喝，凭自己的生理感觉，大多数人感受不出一万元的酒与五百元的酒有什么不同。

而如果有专人进行解说，别说一万元的红酒，就是一碗馄饨，也能让客人听完后恨不得颅内高潮。客人震撼，主人体面，宾主尽欢。

3. 用高端流量打造社交平台

新荣记的前两项独特服务为它打造了很好的宴请口碑，加上餐厅本身不大，只有 7 个包间，资源稀缺，不容易订到，这让新荣记成为香港的新富豪食堂。不少社会名流请朋友聚会都愿意选择新荣记，到达后会有意无意地问一句："今天还有谁在这里吃饭？"这时，新荣记已不仅是吃饭的场所，更是一个社交平台。

新荣记也看到了机会，借此平台分发高端流量，它可以帮助用户在自己的目标对象前完成一次口播，一次曝光，甚至一次点击。淘宝和百度是用钱结算的平台，而新荣记则是用"交情"结算的平台。

新荣记的一系列服务不但为它实现了从月亏 100 万港币到年利润 6000 万港币的巨大翻转，还让它一举成为中式餐饮的高端代名词，连高端休闲度假村"十里芳菲"也将提供新荣记餐饮、戴森吹风机、POLA 洗护用品等作为彰显她服务高标准的标志。更高明的品牌杠杆还体现在全国扩张时，新荣记收割了众多重磅黄金地点，如民国豪门、时任中国银行总裁的贝祖诒家宅贝轩大公馆，独居每平方米售价 11 万元以上的市中心临江别墅保利 one56 整层楼等……

新荣记的成功源于对用户需求的深度洞察。对更多行业：医疗，汽车，教育，快销，金融……有何借鉴意义？

2.4.3 先探讨应该做什么，然后才是能做什么

现如今，科技正在渗透各行各业，很多企业都推行科技化、数字化和智能化。但是企业在能做什么的领域投入过多的后果往往是资源的过度浪费和产品的无人问津，比如把用户当小偷防着的无人超市、前段时间倒闭成风的各种 O2O 创业公司等。

站在他人角度思考，体验服务对象的生活，解决他们的真实问题，是所有服务设计的起点。虽然提"人人都是设计师"略显俗套，但以用户为中心是企业管理者应该具备的底层思考能力。**无论是 B2B、B2C、公共事业，还是 B2B2C，本质上都是 H2H，是对人的服务**。所以，当我们谈服务设计时，要记住人是我们一切工作的起点。

2.5 工具：以用户为中心

2.5.1 用户画像

在产品开发或创建服务的早期阶段，需要首先明确：用户是谁？他们的需求是什么？为什么会选择我们的品牌/产品/服务？

理解用户的第一步是创建用户画像。用户画像基于群体的真实信息，由多维度数据组成，是整合所有用户群体信息的集群。除了人的自然属性，用户画像也会含有如生活习惯、行为特征等人的社会属性。⊖ 例如：

- 人口数据，如性别、年龄、地理位置或财产收入、婚姻、子女与社会经济地位等。

⊖ Alan Cooper. About Face 4：交互设计精髓 [M]. 倪卫国，刘松涛，薛菲，杭敏，译. 北京：电子工业出版社，2015.

- 技能，如科技产品使用程度、英语能力等。

- 教育，如学历、专业背景等。

- 职业经历，如当前和过往职业、职称信息等。

系统而完整化的用户画像，可以帮助团队更准确地定位目标用户，快速明确要招募的用研对象，也可以在招募可用性测试对象时为团队提供帮助。

如何建立用户画像？

1. 针对产品/服务的使用情形，穷举和定义你所需要的数据。例如，人口数据、生活习惯及行为习惯等特性信息。

2. 可以借助定量研究的方式调查收集数据。

3. 排序整合这群用户的真实信息。借助亲和图和 Excel 等工具将广泛散乱的信息进行多维度的排布。

· 小贴士 ·

- 用户属性在一定情况下可能发生改变。例如工作原因更换居住地，饮食习惯改变为素食主义，网购习惯从化妆品变为母婴用品等……用户画像是动态变化的过程，需要不断迭代管理用户画像。

2.5.2 典型用户

典型用户（persona）又被称为"真实虚拟人"（real fake man），因为尽管人物是虚构的，但它背后的动机和需求是真实的。典型用户越具体、特征越详细，我们想要获取的那个"终极用户形象"就会越清晰、越真实（见图 2-1）！

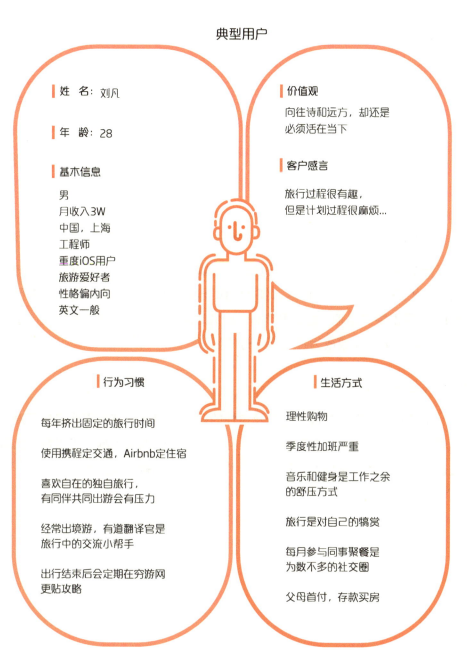

图 2-1

如何建立典型用户？

1. 数据分析与属性排序

从用户画像数据中提取产品使用频率、使用强度、市场规模、年收入等数据，将其中与用户相关的因素进行整合、排序。重点关注用户行为习惯背后的目的和动机。也可以借助田野调查、访谈、问卷等方式了解用户内心的真实诉求。

2. 定义典型用户

借助研究中观察到的细节，补充和合成典型用户，描述他/她们的故事。

一个典型用户应当明确用户身份（例如一线城市居民、企业高管、两个孩子的妈妈），关注用户行为习惯（例如开车上下班、经常出差、辅导孩子英语），最重要的是他/她想用产品或服务达成什么目的（例如从照看孩子的琐事中解脱出来，或成为民主型父母等）。

3. 创建档案

虽然建立典型用户涉及定量及定性的研究，但最终档案需要聚焦于对产品或服务的具体需求。典型用户是一种简洁有效的沟通工具，可以帮助团队成员或利益相关者达成对目标用户的共识。基本元素可以包含：

- 姓名
- 文化背景
- 对产品或服务的需求与期望
- 使用该产品或服务的主要目标
- 能力和经验
- 对产品或服务的使用习惯与看法

- 一张鲜活的肖像照片

> **· 小贴士 ·**
>
> - 明确典型用户和使用场景的关联，避免孤立使用典型用户。
> - 通常将典型用户档案打印出来或做成海报，方便整个团队分享。
> - 复杂产品或服务的典型用户会有多个，代表多种不同类型的用户。例如网购平台的典型用户从职业和年龄的维度，可能会有商务精英、职场小白、在校学生、空巢老人、全职太太等。

2.5.3 同理心地图

在准备打造新产品或服务前，应了解用户的一切信息（需求、心理、行为与期待等），这样才能让产品或服务打中目标用户需求，降低投入的风险。

同理心地图从多维度（所想、所感、所听、所看、所说）将用户形象描绘得更加生动，帮助跨领域团队建立对目标用户的同理心并从中得到意想不到的洞察（见图2-2）。同理心地图可针对特定用户群来描述：

- 用户的想法和感觉（think&feel）
- 用户听到了什么（hear）
- 用户看到了什么（see）
- 用户说了什么和做了什么（say&do）
- 用户的烦恼与痛苦（pain）
- 用户真正想要的东西与其价值（gain）

图 2-2

通常，同理心地图可以和典型用户搭配使用，补充典型用户中缺失的细节，帮助团队更精准地了解用户特征，也可以为品牌描述更真实的用户故事。

如何使用同理心地图？

（1）明确要讨论的目标用户信息，例如典型用户、数据、观点等。

（2）绘制同理心地图框架。

（3）团队成员用便利贴记下用户的行为与反应，并将其贴到同理心地图的合适位置。

主持人询问大家针对产品或服务的问题，激发团队更深入的探讨。

例如：

- 用户期待什么产品 / 服务？
- 用户通过何种渠道得知我们的产品与服务？
- 用户在日常生活中如何使用我们的产品与服务？
- 用户在群体或单独使用我们的产品 / 服务时，会说 / 做些什么？
- 用户使用我们的产品 / 服务时会遇到什么麻烦或痛苦？
- 用户使用我们的产品 / 服务时可以获得什么价值？

· 小贴士 ·

- 使用这个工具的关键在于要有同理心，框架只是辅助思考。
- 同理心不是与生俱来的，但可以训练出来，培养同理心的最好方式是代入真实情境中，用身体与大脑去参与、模仿和感受。
- 同理心地图也可以在访谈时作为一种辅助记录工具。

2.5.4 影子计划

影子计划（shadowing）即像"影子"一样伴随在用户身边对其进行观察，是对用户体验产品/服务的结构化观察。主要用于新产品/服务的消费者研究领域，通过观察用户使用某些产品或服务时的情绪、肢体语言、节奏、行为模式和时间等信息来全面了解用户。

通常在项目设计初期，尤其是针对一些用户还未真实使用的服务，我们可以在和用户面对面沟通之余，用影子计划来深入了解用户动机，并捕捉行为细节。

如何使用影子计划？

（1）找到合适的研究场所和被观察对象。

（2）确认访问权限。

这是一个关键步骤，研究人员在活动过程必须尽可能不受限制，所以可能需要与第三方联系以获得适当的权限。比如在银行观察需要提前和银行保安等进行沟通确认。

（3）建立信任。获得访问权限后，研究人员必须与被观察者建立良好的信任关系。如果被观察者感觉不舒服，那么研究人员可能会遗漏重要信息。

（4）影随。研究人员在一段时间内紧密跟随目标用户，过程中可以同时写现场笔记，可以使用特定的观察模板。例如："时间""人物"（有新的人物加入）"地点"（地点的变更）"细节"（产品细节或界面）等。

（5）记录。记录尽可能多的细节，尤其是一些并不引人注目的行为，例如，用户可能会因为有些产品很难使用而按错了按钮或正在尝试另辟蹊径。如果用户不介意（先获得许可），可以使用视频或照片拍摄所有重要步骤，在某些情况下也可以录音。

（6）分析。研究人员分析影子计划的详细数据。数据汇总和呈现的方法可以是故事板、叙事或角色草图。

· 小贴士 ·

- 影子计划的关键在于，不能因为研究人员的加入而影响用户的真实行为。
- 跟随期间尽可能地忠于用户的实际行为与反应，切忌加入研究人员的主观判断。
- 在过程中如果对用户的某些表现不确定，可以在结束时再次沟通。

2.5.5 AEIOU 观察框架

AEIOU 是整理观察记录的框架工具，通常会在观察时用表单直接记录，可以和影子计划结合使用。AEIOU 框架可以帮助研究人员在观察用户整体体验的同时，也能专注于重要细节分类，避免遗漏。AEIOU 观察框架的实例如图 2-3 所示。

A- 活动（activity）：人们为实现某一目标而采取的一系列措施。

E- 环境（environment）：活动发生的场景。周遭环境的属性、功能、特点、氛围。比如，是私人空间还是共享空间？是否有不同空间？哪里不同？

I- 互动（interaction）：人与人、人与物、人与空间、人与数字之间的互动。互动出现的频率、特殊互动、不同距离下、不同情况下的互动是怎样的？

O- 物品（object）：涉及物品。环境里有哪些物品？和用户活动的关联是什么？

U- 使用者（user）：用户。在环境里的有哪些人？他们扮演什么角色？彼此的关系？他们的需求有何不同？

· 小贴士 ·

- AEIOU 通常配合影子计划使用。
- 团队成员可分工合作，提高观察效率，记录更多有效信息。

AEIOU观察法

A 活动 | 人们正在参与什么样的活动？为什么这活动如此重要？

一家老小围在一起吃火锅，小孩子在旁边玩滑梯，给了大人们一些空闲时间聊天。

E 环境 | 记录空间和地点位置。这个环境有什么物质特性？它们如何支持/阻碍了用户？

他们的座位在火锅店刚进门的位置，身边经常有服务器进出要器皿的客人经过，过道有些狭窄，所以他们经常要起身移动座位。

I 互动 | 在这个场景下，是谁与用户互动的？这些交互的重点是什么？当时的氛围/语气是什么样的？

在他们吃饭结束后的时候，店家送给小朋友一个玩具小熊表示歉意，小朋友非常开心地拿着玩具回家了。

O 物品 | 观察到了什么有趣的物品？如何被使用的？这些物品重要吗？为什么？

在客人进门的地方有一个自助下单的屏幕，客人在排队的时候可以提前点菜。这个屏幕很大程度上节约了客人的时间，同时也打发了他们等待的无聊时间。

U 使用者 | 采访人们，去了解需求。

客人表示经常会来这家火锅店用餐，因为它开在小区门口已经10年了，但是味道一直没有变，这带给他们一种回忆的味道。

图 2-3

| 第 3 章 |

共创不是乌合之众的狂欢

服务是为他人做事，尤其是不以实物形式，满足他人需求，并使他人从中受益的一种有偿或无偿的活动。

所以，新时代的设计，不再只是听客户描述，帮客户实现其头脑中的意向，而是和客户、客户的客户一起共创，让他人成为主体，一起打破旧有的共识，创造新的可能，这样才能更打动他，服务到他的心坎里。

这个可能，可能是颠覆式创新，也可能是微创新，当然也可能是破除迷思。

但是，要达成以上可能，显然不是随便一群人聚在一起狂欢、疯狂玩笑。和跨背景的人才能共创，有专业的工具方法才能共创，共创需要创新领导力，共创是有流程有方法的，共创的输入物也很重要。此外，共创过程中，还有很多细节需要关注，比方说，我们需要为共创者打造合适的心理空间和物理空间等。

那么，共创有哪些好处？

（1）共创是日常工作流程的催化剂。
（2）共创可以使失败早点发生、快点发生。
（3）共创可以建立以人为本的同理心，提升组织效能，激发组织变革。

3.1 共创助力企业平稳过渡到智能时代

从工业时代到信息时代到智能时代，文明社会每一次变革都会经历漫长的摸索，且在摸索期间可能长期处于混沌状态。如何在混沌状态下探索，如何摸着石头过河？共创或许是一个好的解决方案。

然而，共创带来的并不是一个一定正确的解决方案，而是在达成共识的场景下，一步步试错，用大家的智慧，以最小的风险渡过混沌时期。

设计师或许不是这个时代最有智慧的人，然而在这个技术昌盛的时代，设计师一定是离用户最近的一类人，设计师的方法论是努力架起用户和商业之间的桥梁。所以，设计师们的思考和做法，或许可以帮助大家走出时代转换期的迷宫。

3.1.1 给用户设计、为用户设计、和用户设计

做一只漂亮的手电钻是设计 1.0；深入洞察、发现用户底层需求，并据此设计，是设计 2.0；而在设计 3.0 时代，我们需要让用户参与设计，发挥用户的创造力，共同探索用户内心的需求（见图 3-1）。

图　3-1

设计 1.0 到设计 3.0 的演变正好也对应商业史的演进。

20 世纪 80 年代，我们有了呼叫中心，开始搜集用户投诉、处理售后问题。收集的数据后来成为公司改进下一代产品的依据。

到了 1990 年底，他们意识到既然需要借助用户数据改良产品，为什么不把这个步骤前置？在产品正式推出前，就让消费者小规模测试，改良后

再推出正式产品，进而大大降低投诉率。

时间进入 21 世纪，他们很快发现，与其让用户参与小规模测试，不如在产品设计之初就加入用户意见，了解他们真正的需求。设计也因此进入 3.0 时代。

我们定义的这三个时代分别是：给用户设计→为用户设计→和用户设计。时代更迭，用户参与度越来越高。

我们已经到了一个新的时代——以用户为中心的时代。在这个时代，客户都不一定是核心，客户的客户，用户，才是真正的核心。与用户一起共创才是解决之道。和客户/用户一起设计就是共创，加入他人意见，让他人成为主体，这就是共创。

不是设计师也能设计吗？当然能，而且孩子也能设计。我们曾为小学生赋能，引导孩子们运用设计思维做小小创新项目。

此项目由上海市民办新世纪小学的 7 位小学生发起，关注"遗忘的角落"：在社会快速发展中被淡忘的历史建筑；"失落的方言"：全球化进程下濒危的方言，以及"老去的社会"：老龄化社会缺失价值感的中老年人。

针对这些问题，孩子们进行调研和构想方案，最终打造了一套有声手绘明信片，由他们自己创作画面和提炼历史小故事，并邀请敬老院老人一起配音，分别用普通话和沪语讲述那些动人的故事。

"有声明信片"方案本身不复杂，但意义深远。手绘的历史建筑帮助大家了解地方文化；方言解说可以普及方言；让老人参与可以帮助老人实现社会价值，一举三得。

孩子们的设计成果是不是很厉害？在服务设计思维的引导下，他们创造的不是简单的产品，而是提供文化传承的服务价值。

更值得一提的是，这套服务被打造成了可复制的模式，所有明信片的收益中有一部分捐给敬老院的老人们，还有一部分给接力该项目的下一个地区的孩子作为启动资金，由此将爱心传递。

当这个模式得以循环复制时，可通过收集到的成千上万的方言数据与阿里巴巴、科大讯飞等机构合作，赋能人工智能机器人，变成他们的方言素材来源库（见图 3-2）。

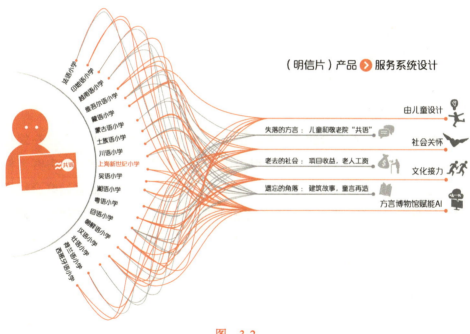

图 3-2

孩子们的创意和努力已带来值得骄傲的成果，明信片在工厂批量生产前的路演义卖中创造了超过 5000 元的收入。

由儿童创造的价值已经远超你我的想象，所以不用担心非设计师不能设计，共创的时代，人人都可以是设计师，且人人都可以是服务设计师。

3.1.2 共创，服务设计的钥匙

共创，是从日常运营到创新的一个加速通道，它打造更多可能。这些"可能"，有时候会是颠覆式创新，有时候是微创新，有时候只是破解迷思，当然也有可能是一个错误。但共创中的错误无疑能促使项目尽快失败，早点失败，获取宝贵的经验。

当没有这些可能，你就只能站在原地、束手无策。

你是否还记得曾经叱咤风云的联合办公鼻祖 WeWork？尽管目前来看联合办公的前景并不明朗，但在 WeWork 创立之初，它利用共创带动整个项目向前，打造了一个颠覆式的创新经营模式，这段传奇故事还是值得我们探讨和学习的。

2008 年，亚当·诺伊曼（Adam Neumann）在转租自己多余的办公室角落时的本意只是把闲置空间转租出去，以节约成本。但当他的房客米格尔·麦克维（Miguel McKelvey），一位知名建筑师和他共同商量做联合租赁时，他们拉上了自己的房东，一位老派的布鲁克林。房东鄙视诺伊曼不懂房地产，诺伊曼则辩驳说，懂不懂房地产不是核心要点，要点是房东的办公楼当时还有不少场地没租出去。

于是，三人一起共创，设计了联合办公的原型 GreenDesk——房东出物业，建筑师定设计方案，诺伊曼则成为运营担当。2008 年开张时适逢经济急转直下，工作机会不断消失，专业人才开始从事自由职业。"经济形势越糟糕，我们的进账就越多。"诺伊曼说。

GreenDesk 此后在布鲁克林和皇后区又开了 6 家办公场所，但诺伊曼和麦克维想要创建自己的品牌，他们想要做让人们之间的联系更加顺畅的"实体社交网络"，而不仅是房地产租赁，后者正是那位老派布鲁克林房东的核心宗旨。于是，诺伊曼和麦克维卖掉了 GreenDesk 的股份，于 2010 年在苏

荷区开了首家 WeWork。㊀

3.1.3 共创不是拍脑袋，更不是一群人拍脑袋

共创不是随便拉一群人来，聚在一起七嘴八舌、头脑风暴。

一群人七嘴八舌除了混杂大量信息，并不能产出实质结果。常见的场景是，不同的人各抒己见后，为了有成果，开始有人拍脑袋。对于这样产生的成果，放在社交场景，不会有人为之负责任；放在商业场景，更大的可能也是挣扎纠结，无疾而终。

拍脑袋分三种场景：

- 老板拍脑袋：老板看似经验丰富，见多识广，算无遗策，然而，一则老板决策可能存在误区，二则员工心智可能未必达到老板的程度，有时候不能理解。而现在 90 后已然成为职场主力，不理解不仅是执行的阻力，有可能让执行效果大打折扣，更有可能让项目执行不下去。
- 员工拍脑袋：员工拍脑袋，谁来为结果负责？

㊀ 《从 WeWork 到 WeWorld：亚当·诺伊曼的 160 亿美元新乌托邦大戏》。

- **统一背景的人拍脑袋**：如果我们找一群一样背景的人拍脑袋，或者只是在公司内部，乃至部门内部进行共创，那结果只能和平时内部开一个会没有任何区别，不可能有新鲜的输入，不会有不一样的思维模式带来新的冲击。

所以，共创需要跨背景的人，用系统的流程，辅以专业的工具方法才能完成。其中，正确的输入物又决定了共创结果的有效性，你也需要一个积极、高效的创新领导力引导。

3.1.4 老板拍的脑袋，被用户第一个毙了

前面提到的京东数科项目中，一个被视为执行力超强的团队，即效率和管理共识能力都被认为是业界顶峰的团队，我们要求他们必须离开习惯的办公区域，进入大学校园与大学生一起共创。因为这是一个以大学生为核心用户群的项目。

团队被随机分为4个小组，深入校园做访谈，大家共罗列穷举了800多个场景，经过筛选，最后留下400多个常用场景，并据此发散出了100多个概念。

有趣的是，在这 100 多个概念中，团队 VP 所在的组，不仅产出概念最少，且他们的概念是第一个被毙掉的，毙掉他们的正是共创成员中的大学生（即用户），而这组也是唯一一组直到结束也没有任何产出的组。这场景不得不让 VP 心悦诚服。

因为在用户心中，概念没有价值，完全不会给领导留情面。

多数企业追求效率，所以重视的是共识，而创新源于非共识（更多关于非共识与共识对企业的意义，请见本章 3.3 节"共创实现共识—非共识—共识的循环演进"）。能力太强的领导的主观判断会对创新造成实质性干扰。越是执行力高的企业，越容易围绕领导的感知达成共识。那么和领导不一致的创新想法，怎样才能让它茁壮成长？

如果和领导在一起，所有人都会不由自主地看领导脸色，这是很真实的情况。如果分坐在四张桌子，领导只在一桌控场，其他几组不知道老板的意见，就只能按照自己的想法讨论、决策。这时非共识的想法才有机会涌现并被充分地讨论。

这就是分组的价值，不要让权威太快控场，给非共识涌现和成长的空间。

在一些锐意创新的传统公司，运营压力相比互联网公司而言较为轻松，在创新创意方面可能更为开放。

辉瑞制药有一只"创基金"。每年，辉瑞都会号召全公司员工及商业合作伙伴开展超级种子项目。我们曾受邀带领辉瑞跨部门组队，构思解决方案、孵化创新概念，使其成为内部创业的种子。内部创业的概念可能关于新药研发，也可能关于商业模式的创新。最终，大家将自己的创新方案搬到台上对决，获奖项目将获得公司一笔不菲的项目基金和资源支持，推动项目落地实践。

3.2 用团队动力学推动共创

服务是为他人做事，尤其是不以实物形式满足他人需求——这意味着，服务设计尤其需要加入他人意见，让他人成为主体。共创成为我们解决问题的一个重要方法。

3.2.1 和不同背景的人才能共创

麦肯锡调研发现，高管团队的族群和文化多元化水平处于最高四分位的企业，创造业内领先利润率的概率会提高 33%。[⊖]

长期的多族群、跨文化的合作并非易事，甚至可以说是企业运营管理的世纪难题。共创却可以用一种特殊的方式，让这些不同背景的人迅速融合，并为一个目标服务。

那么，我们需要哪些不同背景的人来一起共创，才能创造更好的效果？

- 不同利益相关者
- 不同职业背景的人
- 不同学科背景的人
- 不同成长背景的人
- 不同思维模式的人

⊖ 《撬动多元化的潜力》(*Delivering through Diversity*)。

为什么选这些人？

因为服务是为他人做事，这就意味着，"你想的"可能就是"你想的"，"你以为"可能真的只是"你以为"，并不能完全代表客户/用户的想法。

著名产品人梁宁曾做过一个关于整容的调研。她最初以为想要整容的应该是那些对自己相貌不满意的人，然而结果却出乎她意料，每一个人的回答都是"我中等偏上。"这与梁宁最初的想法差异甚大。

这样的结论对商家来说非常重要。试想如果你拥有一家美容院，目标客群和服务是不是会因为这个调研结果发生改变？在原来的假设下推出"让丑的人变美"的服务，效果会如何？

所以，闭门造车不可能成事。

为了区分这些不同学科、职业背景的利益相关者，尽可能多元化地把更多更有效的意见引入共创过程，我们总结归纳出五类人：

- 客户。他们是产品和服务的受益者，这阶段，可以是具体使用的用户，也可以是购买服务的客户。

- 专业人士。他们可以提供会议实操经验，缩短探索时间。大部分共创都需要他们参与其中。

- 专家教授。他们提供有深度、有广度的学术见解。他们能帮你跳出熟悉的圈子，用超出专业人士的前沿视野去看问题。

- 意见领袖。这些人可能是核心用户，也可能是种子用户，关键是他们的观点可以影响他/她周围的粉丝，帮你传播。开巴之前邀请美食博主，一起 PK 啤酒和红酒，流量轻松超过 10 万。

- 艺术家。艺术家们就像是鲶鱼。他们是不按常理出牌的人，他们没有理由，不会问专业人士可能问的问题。但是，当你处于共识和解决方案的东北角⊖，即模糊前沿的时候，他们的"为什么不"（why not）可能会给共创带来意外的收获。但是，你不能对他们抱太大期望。

每类人都会站在自己的立场和角度提出自己的见解，分享跨界观点，用他们的思维模式、经验共同挖掘一个你们本来希望内部解决的问题，更可以帮助你拓宽思路，丰富思维，针对挑战提出多维度的解决方案。

在实战过程中，我们会根据每次的目标和项目背景，设置不同的招募人群和人群配比。两类人或者三类人都是可行的，但只有一类人，比方说，都是公司内部的人，思路就不够开阔。

开巴的案例中，我们特地邀请了消费者、供应商、营销专家、意见领袖，乃至我们的大厨、酒吧服务员等不同类型的人来一起共创，让供应商听到用户的声音，让意见领袖听到后台厨师、前台服务员和顾客的想法，让营销专家听到意见领袖和其他人的想法。

我们并不把开巴当成自己的开巴，而是大家的开巴。

⊖ 平面直角坐标系的右上角。

我们所有人共同设计了一场精酿啤酒与葡萄酒的搭配大比拼——为包括牛肉、海鲜在内的十多种不同食物搭配不同的精酿啤酒和葡萄酒，并一一评比品评。这种前所未有的活动，充分展现了精酿啤酒的独特魅力和可能性，超过 10 万次的传播量背后，更是一举打破了人们"只有葡萄酒讲究搭配"的看法。开巴在上海滩的酒吧和餐饮界逐渐有了自己的声望和音量，开始慢慢走上正轨。

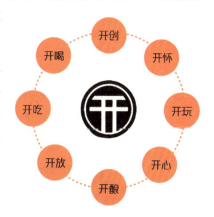

而开巴的小龙虾节，就是因为一位新奥尔良来的客人在开巴叫板，说美国新奥尔良州的小龙虾独具风味，比国产十三香好吃太多而设计并举办的。开巴是西餐厅，我们不卖十三香小龙虾，但新奥尔良美食确实值得研究。在一轮深入沟通、调研和操作细节探讨之后，我们主动邀请这位新奥尔良客人掌勺、定风格，我们来邀请客人，做现场布置。

结果小龙虾节成为开巴的一个传统。每到小龙虾季，客人们便惦记起开巴铺满整整一桌的小龙虾，而新奥尔良的客人也在他离开中国之前，把他的独家配方传授给了开巴，让大家可以继续品尝美味。

到后来，来开巴举行婚礼、带小朋友过生日、做宠物交换活动……不断有前所未有的、有趣的活动出来。因为我们本就以社区共同空间的理念去建设开巴，客人但凡有想法，我们都会努力帮忙实现，不断和客户一起共创一切可能。

在第一家开巴受到市场热捧之后，我们更新迭代，落地升级了第二家、第三家店……最终成为一个"有象征性价值"的品牌，进而被百威英博颠覆性增长事业部（ZX ventures）相中。

3.2.2 共创是有工具方法的

共创过程中会用到一系列的工具，工具会帮你发散和收拢，厘清思路。

需要定义的是，我们在此处所讲的工具，并非电钻、扇子、笔等传统意义上的工具，而是一套落在纸面的流程步骤，引导你在不同的时间思考不同的问题、做不同的事情，让一场看似没有线索、没有逻辑的发散，在"一只上帝之手"的大逻辑下，导出一系列有意义、能实现的结果。

华为高管每年被要求巡店，这些人多数是华为"百亿俱乐部"的成员，即每个人销售额都过百亿。然而做市场调研并非逛街，光是看装修、看选址显然不能理解新零售的精髓。

华为品牌本身极具影响力，技术硬、产品好，但线下新零售体验却差强人意。应该提供怎样的新零售服务？如何将用户在零售店的需求前置到产品研发阶段？如何统一体验战略达成跨部门高管间的共识，使得战略可以在组织中落地？

带着问题，华为邀请桥中作为服务设计创新教练，带领 70 位直线汇报给总裁的高管，在总裁年终闭门会上，共创华为体验店新零售的体验战略，并将其作为指导未来的战略方向。

对华为而言，这么多高管聚在一起共创，时间成本是这个项目最大的投入。

于是我们为华为开发了新零售探索之旅的一套工具，让服务设计零基础的高管得以迅速上手，访问全国多家新零售店，走一遍大旅程、小旅程，之后在闭门会上再聚在一起共创，把各自见到的、感受到的点拼贴在一起，将一个完整的用户旅途、情绪地图呈现出来，使体验有迹可循，并由此得出华为新零售体验战略（见图3-3）。

图 3-3

华为终端手机产品线总裁对此评价："项目效果超出预期！服务设计就是明天思维。"这套服务设计方法和开放工具作为"黄埔军校的教练手册"，已经申请知识产权，向更多企业开放，现已赋能中国百余家头部企业。

共创的工具非常多，典型的"头脑风暴""如果卡"（what if）"是的，而且"（yes and）"635法"等，都是为了发散，得到更多想法；而世界咖啡是为了达成共识；DVF则是典型的收拢工具。服务设计师一般会根据目标和流程需要，为不同场景选择不同工具，以期达成一个预设的目标。

星巴克一直在寻求产品服务的创新，他们邀请我们作为外脑，其中一个命题是：帮助茶瓦纳品牌吸引对咖啡无感的新生代客群。

如何出奇制胜，设计出满足新生代95后消费者需求的产品？如何快速储备新产品库，用于后期一系列季节性产品上市？

为了高质量的产出，我们在项目工作坊中使用了极具启发性的各种工具，让参与者灵感迸发。不了解的人如果来到现场，可能会感到疑惑，为什么跨国企业的工作坊现场竟然出现中国特色的签筒？

其实这里面装的就是我们的工具之一：如果卡（what if）。它被印在一根根竹签上，像古人求签祈福一样，参与者以抽签的形式一次抽出一根，打开自己的思路，产出富有创意的想法，蕴含满满的仪式感。

每个竹签上都写了引发思考的语句，比如"what if 饮料是有心情的？""what if 饮料的包装是看不见的？""what if 用一根手指就可以拿起来？""what if 口感是脆的？""what if 可以同时满足一群人饮用？"。

这些不按常理出牌的问题让星巴克团队火花四溅，灵感迸发。

我们还运用了各种有趣的工具，结合视觉化和原型制作，建立了星巴克对新生代客户极具吸引力的创新产品库。系列产品推出后一度成为网红新品。

3.2.3　共创的输入物很重要

本章开头讲的用户需求当然是输入信息的重点，但除此之外，公司战略、企业的现状、现有的组织结构、已经尝试过的失败方法、对目标用户的理解、每个人头脑中的现有方案、利益相关者信息等都是关键输入信息。

我们在一个医疗领域的项目——碧迪医疗技术（BD medical technology）中，帮他们调研中国市场，寻找中国市场的机会。碧迪医疗技术是全球领先的生产和销售医疗设备、医疗系统和试剂的医疗技术公司，他们的输液产品占据中国输液治疗市场的半壁江山。

对于如此庞大的全球机构，又是在如此专业的医疗设备领域，业务领域还涉及医院中央药房的规划设计，在深入医院做浸入式调研之前，我们就邀请护士长（用户）、医药代表（客户）、采购决策者、感染控制专家、教授、研发人员等系列专业人士一起研讨共创，让这些专家、业内人士先就产品目前的使用状况、问题、瓶颈提出各自想法。整场研讨下来，他们各自输出大量专业名词和医疗、健康行业内视野，为后期调研和创新项目打开了很好的局面。

重新定义需求，创造妈妈真正需要的早产儿襁褓

斯坦福设计学院（D.school）最为著名的早产儿保温箱"拥抱"（embrace，以下简称"拥抱"）案例，实质上就是输入物改变最终结果的典型。

斯坦福的学生发现，每年大概有1500万早产儿或低体重儿出生，其中100万婴儿因为体温太低在出生后24小时死亡。医院有早产儿用的专业保温箱，但是每个售价2万美元，日租金也是不菲。于是，他们打算帮医院做一款低成本的早产儿保温箱。

但是，团队亲自跑去尼泊尔实地考察后发现，问题的关键其实并不在医院保温箱售价高、租金贵，许多医院的保温箱其实都是空的。

真正的原因在于，很多早产儿出生在离医院百里之外的村庄里，他们出生后需要产妇在家人的支持下肉贴肉地带到医院，产妇和家人还需要在医院住

上数周，不能料理家里的事情和农活儿，这对很多家庭而言是一笔双重损失。

针对这个场景，"拥抱"团队重新定义需求，将目标设定为帮助母亲设计一个不需要电力或者其他能源支持的、可加热、能保温、可循环使用、低成本的襁褓，让早产儿、低体重儿童能够在去医院的途中，乃至在家就有温暖的保温箱，保障他们生存所必需的温度。

"拥抱"团队经过头脑风暴和五轮产品原型循环改进，设计出了一个装有石蜡包的婴儿睡袋，石蜡包每加热一次可以保温 4 小时。

这个产品面世后，第一个使用者是一位被遗弃的小男孩，出生时才 2 磅（不到 2 斤）。小男孩在这款早产儿保温箱"拥抱"里住了 30 天之后，顺利活下来。如今，他已经过了 7 岁生日。

到现在，"拥抱"已经送达并守护了 8 万多婴儿。奥巴马在总统任期内还特地在白宫接待了"拥抱"的创始人。

3.2.4　对的事情还需要对的流程方法

正确的输入物是做对事情的第一步，然而，怎么把对的事情做对，却是有方法论的。关于流程方法，全球各大机构自成流派，大家可以选择适合自己、适合项目特性的方式进行展开。

1. 斯坦福设计学院设计思维五大步骤

20 世纪 90 年代起，斯坦福设计学院等机构开始将设计思维应用到商业领域，全球各大设计机构都开设有自己的一套理论体系。他们的逻辑基本相似，但在细节上会有所差异。比方说苹果的设计流程就更偏产品设计，而谷歌的则会侧重 UI / UX[⊖]（见图 3-4）。

⊖ UI：用户界面（user interface），UX：用户体验（user experience）。

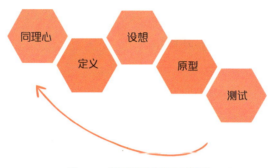

图 3-4　斯坦福设计思维图

一个典型的场景是，早年互联网尚未开始商业化之前，产品为核心，设计即围绕产品进行。然而随着时间的推移，互联网时代，UI / UX 开始盛行。在现如今的融合时代，产品越来越向服务看齐，甚至最终成为传递服务的介质，产品即服务的时代，服务设计则更为大家所重视，服务设计的方法论开始成为主流。

2. 英国设计协会的双钻模型

英国设计协会（Design Council）的双钻模型，讲的是如何用发现（discover）、定义（define）、发展（develop）、递交（deliver）四步从问题导出结果（见图 3-5）。

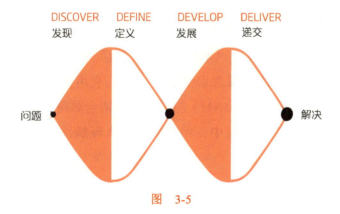

图　3-5

定义需求、找到对的事情之后，我们还需要把事情做对，通过合适的方式去发展演绎才能获得正确的解答。

3. 桥中五行模型

我们用五行木火土金水来对应战略、领导力、文化、创造力和数据[○]，并将之梳理为设计流程，从战略到数据又重新回到战略，步步推进，更新迭代。

4. 用 48 小时帮世界自然基金会落地环保能量公园

世界自然基金会（WWF）每年都会举办"地球一小时"的主题活动。这是一项应对全球气候变化所举办的全球性节能活动，提倡于每年三月最后一个星期六的当地时间晚上 20:30，家庭及商界用户关上不必要的耗电产品 1 小时，以示大家对地球的尊重和节能的意识。围绕当时最受关注的环境议题，**雾霾**，WWF 提出 2015 年的活动主题为"能见蔚蓝"。

自 WWF 创立，他们每年都邀请全世界的环保爱好者参与地球一小时熄灯活动，到了 2015 年，常规的熄灯活动已经不能点燃民众的热情了，但 WWF 对如何让更多人看见、感受到新能源的力量并无思路。于是，我们为 WWF 发起了一场声势浩大的共创，邀请全球各路环保精英参与到这个项目中。

五行模型在这个项目中得到实践（见图 3-6）。

（1）战略：首先定义出这不仅是 WWF 的活动，而是更为开放开源的场景，为提升大众节能环保意识而服务。我们利用全球服务设计共创节（global service jam，简称 JAM）的契机，邀请全球跨界创意设计师和各路环保精英参与到这个项目中，希望让更多人理解清洁能源对蔚蓝天空的意义。

○ 详见本书 5.2.7 小节"战略、领导力、文化、创造力和数据如五行一般相生相克"。

第 3 章　共创不是乌合之众的狂欢 | 95

木 战略	火 领导力	土 文化	金 创造力	水 数据
C 场景设想工作坊		J 极端用户访谈 机会分析图 价值主张 价值主张画布 竞争对手分析		T 痛点分析图 头脑风暴
D 典型角色设计 电子日记				W 文化探究
F 服务蓝图 服务情景 服务提供图 服务体验旅行 服务图像		L 利益相关者访谈 利益相关者关系图		X 系统分析图 消费者协同创造 信息共享实验室 信息综合工作坊 行为导图
		Q 渠道概览		Y 延时视频观察 隐藏跟随 用户跟随 用户购物陪同观察 用户日志 用户旅程图 原型设计
		R 任务分析		
G 概念构想工作坊 概念测评 共创工作坊 共情工作坊 故事板		S 商业模式画布 设计简报 设计战略 深度访谈		Z 组织影响力分析 专家访谈 桌面研究

图 3-6

（2）领导力：在共创阶段，领导力需要以一个低姿态出现，不能一开始就把大家带到自己事先预设的场景里。"能见蔚蓝"项目负责人王丹也只是默默作为 JAM 的参与者参与，不先行讲解和宣传，也不预设评判标准，不干预过程。

（3）文化：用五行五大卷轴①的不同工具做了多轮头脑风暴，把共创者的思维彻底打开。JAM 结束后，驱动所有参与者为 WWF 挖掘自身能力和资源，继续投入到成果落地上，让更多人参与地球一小时的活动。

（4）创造力：如最初所料，全新的创意概念如流水一般喷泻而下，产生了 200 多个概念。随后，桥中一边用 DVF②工具收拢，一边强调这个项目的关键限制因素：时间。不仅要概念亮眼，更需要项目可行，能够在短期内落地实现。

（5）数据：大家开始动手设计制作，先用一次性吸管制作出原型，并不断根据大家的反馈和实际场景进行测试和迭代，调整设计方案和完善细节。

48 小时的共创后，一个为 WWF 度身定制的概念得到了大家的一致认可：一反每次地球一小时只是邀请大家参与一起熄灯的活动，这次 WWF 用亮灯来表现黑暗中的光芒，而且是用清洁能源灯，既切合 WWF 清洁能源的主题，又与传统的做法有所不同。

大家把"亮灯"的形式衍生定义为更有环保感的太阳能树。为了影响更多人，大家建议把太阳能树"种"在社区公园，并为之设计了手机充电、照明和音乐播放功能，让居民可以围绕这棵太阳能树产生更多互动，直接感知身边的清洁能源。

原型制作完成后，我们还深化了设计，思考了如何制作、如何运输、如何让太阳能树真正在公园和社区中"扎根"落地，并让每一位参与者领任

---

① 五行五大卷轴，桥中根据运营五行模型梳理五步骤对应工具。
② 见 3.5.5 小节"DVF 筛选法"。

务，见证它们的落地。

仅 3 个月时间，一个临时组织的团队，就让"种"满太阳能树的能量公园在上海静安、深圳乃至全国多处公园内落地开花。

在"能见蔚蓝"活动现场，当所有的灯光全部熄灭时，WWF 特地点亮太阳能手电筒，引导大家来到能量公园的太阳能树下，向大家展示舞者表演的同时，让大家体验到可再生能源是非常成熟的技术，与我们的生活亲密无间。整个项目，WWF 没有为太阳能树投入预算，完全通过整合社会资源实现了最初项目的战略目标。

共创不是头脑发热，做了一轮看似很发散的头脑风暴就偃旗息鼓，而是找到一个切实可行的方案，制作原型，并不断深入、迭代，最后落地、使用，再迭代升级。

如同我们现在熟悉的苹果手机 iPhone，从概念到原型到我们拿到到第一代 iPhone，经过了上万个概念，几十轮迭代。2007 年，iPhone 正式面世，到 2019 年，iPhone 已经迭代到了 iPhoneXS，至今仍以一年一个新版本的速度迭代，直至一个新的划时代产品面世。

3.2.5　共创需要创新领导力

事实上，创新领导力和我们通常所熟悉的领导力并无大的差异，但两者侧重点不同：创新领导力侧重发现，而常规领导力侧重实现目标。

企业发展的不同阶段，会要求领导掌握不同的技能（见图 3-7）：在创业阶段，组织要求产生新的商业想法，发现技能远远强于实现技能；在商业模式被证明的模式复制阶段和企业成长阶段，组织对实现技能的要求可能超越对发现技能的要求；待到商业模式进入顶峰阶段，寻找并形成新的商业机会重新成为重点，这时候，发现技能再次变得越来越重要（见图 3-8）。

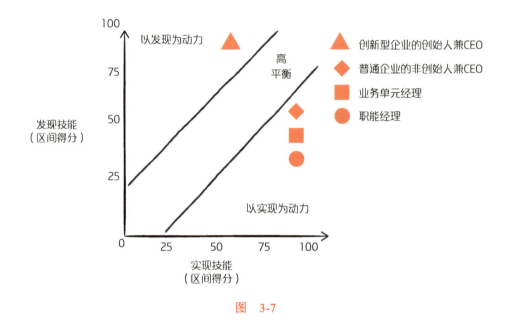

图 3-7

企业在需要共创的时期，无疑是发现技能更为重要的时期，在这种阶段我们尤其需要创新领导力的输入，来调动多方资源，并为共创结果负责。尤其现在的组织往往都是金字塔形的，部门之间、人和人之间流动存在相当大的障碍。

某种程度上，拥有创新领导力的创新领导者就像一个乐队的指挥、电影的导演一样，拿到乐谱、剧本，在他们的大脑里，会形成一个结构、篇章、风格和大场景，放在商业场景中，即企业的愿景，然后他们组织资源去一步步实现头脑中的意象。

在十里芳菲的项目中，张蓓就是这样的一个创新领导者，她脑海中可能未必有具体的场景，但她知道哪个方向可能会使她得到她想要的效果；在项目进行过程中，她能主动挖掘到团队的瓶颈状态，知道什么时候该引入外援，让更多智慧的头脑推动项目向前进展。

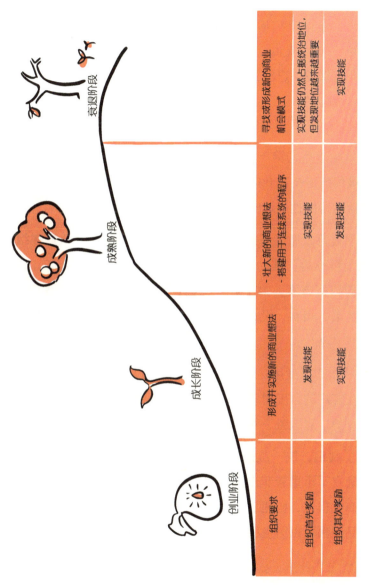

图 3-8

3.2.6 不同共创者组合，解决从用户体验到战略多重挑战

十里芳菲是坐落于杭州西溪湿地的一个创新型旅游目的地。它的创始人张蓓于 2009 年创办花间堂，开创了国内文化精品度假酒店的先河。2017 年，张蓓从花间堂成功退出，开始筹建这个全新的项目。

1. 第一次共创，统一战略和内部生态

张蓓拿到地之后的第一周，就开始思考如何突破花间堂已有的成功模式，乃至突破传统旅游产业的商业模式；如何让已经进入舒适圈的团队重燃斗志，探索新的可能性。这些问题让锐意创新的张蓓煞费心思。

我们对项目背景做了仔细的研究：项目刚刚启动，团队还在组建初期，这阶段的共创目标为：推动项目形成统一的战略方向，达成内部共识，并制订下一步的执行方案。为了这个目标，张蓓组织投资人（客户）、核心管理、运营、营销、美食、设计团队负责人（跨部门专业人士）组织了第一次共创。

通过面对面的深度用户访谈，这些已经身居高位的管理者首先放下自我，真正站在客户的角度思考，也彻底理解了张蓓锐意创新的出发点：时代在变，用户对美、对服务、对体验的定义已经和之前有了很大的不同。

既建立了共识，统一战略的难度被大大降低。最终，大家突破传统酒店的定义，确立了十里芳菲作为旅游目的地的定位；打破传统酒店以住宿为核心产品的商业模式，构建了"美物，美食，美宿，美力，美愿"五条产品线，每条产品线都可以衍生出和用户交互的新方式，也是新的商业机会。

2. 第二次共创，集合外部资源，深剖产品，打磨细节

然而，在项目落地的过程中，大家对于一处用户流量最大的空间的设

计，却始终感觉不尽如人意。为了定义"不尽如人意"，找到解决方案，十里芳菲开始了第二轮共创。

这次共创涉及突破认知局限、多元化空间和服务、提升用户体验三个层面。我们召集了一个 30 余人的共创团队，包括：艺术展示缔造者、生活美学品牌创办人、即兴表演艺术家、品牌运营专家、空间设计大咖、资深媒体推广者、商业创新咨询专家、项目运营专家、生活美学创业者、人类学家……最终大家从用户体验出发，设计落地了 10 余个概念。

其中在码头等船期间的互动、告别仪式等最让大家印象深刻。这个环节把本来顾客结账离开的场景，变革为宾主相互沟通交流，彼此在温暖愉快氛围中依依惜别的告别仪式，美食、美物、美好的慰问很可能会让顾客变成回头客。

十里芳菲建在杭州西溪国家湿地公园中，从入口处到十里芳菲有整整十里路，途径 27 座小桥，你可以选择步行，或者坐船进出这个世外桃源。

这次共创让项目在变动最少硬件的情况下，丰富了空间功能层次，清晰了用户体验提升策略，让项目更具人性化。

3. 再一次共创，让用户更多元

2018 年 9 月，十里芳菲项目发布，受到业界热捧。浙旅集团党委书记兼董事长方敬华称："十里芳菲一定会成为引爆市场的产品！"阿里菜鸟首席战略官陈威如称："十里芳菲走在时代前沿！"

然而，张蓓的好友，著名产品人梁宁，却挑起新的话题：项目整体基调过于女性化，女性爱不释手，却鲜有男性追捧者。但创业者、企业家群体又是以男性为主，这个角色对十里芳菲 2B 端的销售异常关键。

这次共创目标清晰，客户性别差异化。为此，一组以创业公司创始人、

MBA / EMBA / 旅游大 V 等潜在客户、意见领袖、专家为主，配合内部运营和营销团队的团队开始共创。这次共创在输出系列解决方案的同时，还直接影响了大批男性意见领袖，让他们现场感知十里芳菲空间的无限可能。

经过三轮共创与迭代，在 2018 年 9 月 20 日下午三点，杭州西溪的十里芳菲项目于多彩筹平台正式开始众筹预约。上线不足 30 分钟即 100% 完成众筹目标，融资超过 3000 万元。

项目发布后，张蓓在公开演讲时称："通过服务设计，我们重新审视了什么叫空间，什么叫内容，什么叫服务。"

3.2.7 共创需要物理空间和心理空间

1. 物理空间助力员工像创业者一样思考

方法论和有经验的赋能者是共创的核心和灵魂，但不容忽视的是，合适的物理空间也可以大大提升共创的效率。

桥中为京东金融所做的共创项目中，因为项目涉及大学生，我们特意将整个团队拉到苏州某所大学，让共创团队在大学校园内共创。项目不仅有在室内，还有在操场上的互动访谈。

在校园内，学校肃整的教学楼、开阔的草坪，让每个人都有种重返学生时代的感觉。最嗨的一位共创者一直在现场蹦跶，心理上早就回到了 18 岁，和现场的大学生用户一样，不断挑战同在现场的 VP。

"我们在之前的 1 年时间里不是没有做过这样的调研和共创，但是脱离办公室，脱离之前习惯的场域和氛围，再有专业的团队和流程'胁迫'，这样的产出在办公室里是完全想不到也达不到的。"这位平日里位高权重的 VP 感慨道。

其实真正起核心作用的是全新的开放空间，它打破原来组织内部已经固化的场景格局，让人与人的关系较之前更平等、更多元。在这样的空间里，大家更容易以共创为唯一目标，忘却其他，更大程度激发彼此头脑中的智识、资源和能力，以此为企业带来效能更高的突破性创新。

如果公司并不具备这样的开放灵动空间，你可以把团队拉到附近的共享空间，或是其他不太熟悉的区域，让大家从物理到心理上隔离熟悉的场域，让陌生环境重组你和团队的关系。

2. 共创需要心理空间

变化物理空间只是释放心理空间的一个小技巧，在共创过程中，你还需要大量的游戏和小技巧帮你在原有的心理场域中开拓新空间，释放之前未曾有过的灵感，并将之落地开花。

心理空间共创的几个小技巧：

- 是的，而且……（yes, and...）
- 少说多做
- 疯狂帽子
- 要开心（have fun）
- 心智准备
- 保护好自己的创意 VS. 打开共享
- 组建团队 VS. 先测试下可行性
- 无时间限制 VS. 现在，当下
- 语言复杂而精准 VS. 直截了当

- **分毫无差，完美执行 VS. 早点失败，快点失败**

而将共创融入日常的机构，需要鼓励非正式沟通来主动打造心理空间，创造更多员工间自然合作的机会。脸书（Facebook）鼓励员工间的下午茶时间，彼此沟通，共同合作。我们则把厨房和咖啡机放在公司的核心区间，让员工可以随时正式、非正式地沟通合作。美国著名食品品牌 Clif Bar 的创始人每年都会带员工一起去骑行，边骑边带大家一起重温公司的发家产品的概念发想和落地。

这些看似是小事，却通过行为心理学原理，真正将共创者从内到外准备好共创。

- **是的，而且……（yes，and...）**

在现实工作场景中，我们通常会遇到两种场景，要么是：不，不对，不可行，做不到，然后话题戛然而止，人们开始从零起步寻找新方向；或者说：是的，然后执行，走得通，故事结束。没有其他，走不通则回来继续等指令。

这两种方式在共创中都会被严厉禁止，共创的首要守则是学会说"是的，而且……"（yes，and...）。

什么是"是的，而且……"？它是即兴戏剧中的基石。

放在公司场景中，来自不同部门的团队，为了一个不知未来的全新项目聚在一起，尝试着走出一个不同以往的新样式，这个开头和即兴戏剧有着异曲同工之妙，我们每个人都需要接受现状，然后在现状之上叠加彼此的智慧，看是否有机会能够开出智慧之花。

待到目标方向明确，可行性确认，大家再各据所长，各自领取任务。

皮克斯在创作《玩具总动员 3》（*Toy Story 3*）的时候也曾用过这个奇妙

的小技巧。当时大家正在群策群力，一起设计这部剧的大反派（big boss）。第一个人说，这是一只毛绒抱抱熊，第二个人接着说，还是粉红色的抱抱熊……最后这只紫色鼻子、拄拐杖、有甜甜的草莓香的粉色长毛绒玩具熊大反派，身边还有一辆香蕉味的黄色运货大卡车和五名走路摇摇摆摆的小孩果然成为这部剧的一大亮点。意料之外，情理之中。

著名剧作家凯斯·乔斯通说的：在即兴表演中有一个词是绝对不能出现的，就是"不"，这就是即兴的智慧。

在"是的，而且……"这个思维模型中，每个人都把自己的创意放进去，推动情节的发展，永远不要成为另外一个人创造力和想象力的障碍。在共创中更需要这种协调进化的智慧。

- 疯狂帽子

疯狂帽子的玩法非常简单，带上帽子，你就是另外一个人了。

这个看似无厘头的小工具，一开始被很多共创团队排斥，有品牌一开始就说，"我们是一个严肃的商业项目，不要游戏，也不要这些奇怪的帽子！"

但是很奇怪，当现场大家带上帽子，CEO 不再是 CEO，实习生也不再是实习生，而是平等的共创者，大家一起为一个目标而努力思考、行动。

律师的疯狂帽子带来高能效共创

一家《财富》500 强企业的法务团队带着生产部、研发部、市场部的负责人一起来共创的时候，我们的导师团队居然被这些素日里西装革履、严谨有余的专业人士惊到了——他们自己动手制作的疯狂帽子，无论是从色彩、功能，还是造型上，都想象力爆棚，说是艺术家的不羁之作也完全不为过。

就是在这样的欢乐开场之下，这组律师团队彻底卸下平日里的包袱，重新审视常规的服务流程，锁定了内部法律服务遇到的典型挑战：各部门同事对法律知识的普及问题，以及对法律部门的理想审批速度和现实的落差痛点。

对此法务部想到，可以将法务信息和相关知识输入前置的法律知识大讲堂。为了鼓励大家参与，他们还设计了插队券，来参加的同事下次有法务咨询或者合同审核时，可凭此券享受法务部门利用业余时间为大家提供的特事特办的绿色通道。

还有一组团队受导师启发，决定用"延长客户体验旅程"[⊖]的方式来为公司创造价值。具体而言，在员工的入职阶段，即可为他们提供法务培训。让法务成为公司日常流程中一部分，而不只是最后一道审批关卡。这样公司就得以在项目早期即开始介入法务咨询服务，而不是等拿到合同了再例行修改，那时候能改变的部分已经很少了。

共创结束，大家还恋恋不舍，最终决定把共创过程中想到的所有概念和所做的所有成果悉数带回去，一个个审视，是否还有哪些可以用起来。

⊖ 参见第 4 章 4.2.6 小节"重塑客户体验的 10 个方法"。

- 要开心

开心是共创中非常重要的原则。在轻松愉悦的环境下，共创者更勇于尝试新概念，在学术上，这也符合行为心理学的暗示。全球服务设计共创节（JAM）创始人亚当·劳伦斯（Adam Lawrence）就把要开心列为JAM最核心的重点。

JAM是全球最大的推广和传播服务设计的共创活动。截至目前，全球已有40多个国家，100多个城市、上万人参与到全球服务共创节中。

- 快点失败，早点失败

这句话看似骇人听闻，但是，失败是创意过程中不可避免的，早点失败、快点失败，从无伤大雅的失败中积累经验、规避风险，比谨小慎微、不犯一点错误更为可取。

事实上，用"失败"描述未按照预设发生的事物有待商榷，当非预期、非共识发生的时候，大脑开始运转，连接新的神经元，建立崭新的联系——这就是创新的基础。我们虽称之为"失败"，但所做的努力并没有白费。

快点失败、早点失败放在人生场景其实很常见，老人常说"少年吃苦是福"就是这个道理。放在商业场景中，往往因为中间存在授权的原因，不信任感和对失败的恐惧感被极大地放大了。

所以，创新尤其要在被充分信任的环境里去做。大胆失败，并掌控"失败"，从中学习，当处理关键事项的时候，就可以将大部分风险摒除在外，大大降低彻底失败的机会。

桥中在与可口可乐合作策划的健康饮料项目上，曾经想说把可乐瓶做成哑铃形状，让用户可以随手用可乐瓶锻炼身体，传达健康概念。然而，真正把原型做出来之后，共创组员都觉得这个概念听起来合理，实际上很荒谬，没有人保留可乐瓶用于每日锻炼，就算真的有，也不需要非得做成哑铃形状。早发现，早失败。如果推出市场才发现而市场不支持，那损失就太大了。

3.3 共创实现共识—非共识—共识的循环演进

3.3.1 创新是每一个非共识

"寒冬是周期的界线，也是新一轮增长的发端。"面对 2018 年的经济寒冬，著名产品人梁宁提出了"非共识"的概念。

《逻辑思维》节目的罗振宇在 2019 跨年演讲中进一步提出："创新就是要打破原有的共识，做'非共识'的事，将非共识里的小趋势变成个体和企业下一次跃迁的发端。"

非共识从来不反对什么，它只是把被忽略的东西呈现出来而已。

今天人人都在谈创新，但是，创新并非一蹴而就，也不是凭空而来、横空出世的。

如果我们带着旁观者的角度去审视每一个已存在环节、每一个理所当然，去想想有没有更多可能性，或者在切实的生活 / 工作中，面对非共识，接纳非共识，乃至投入自己的资源，下注给一件非共识的具体事情，而不是本能的畏惧、犹豫或者厌恶，那么创新才真正有可能发生。

大部分人可能没有意识到，他们说"创新"的时候，其实并没有准备好去接纳创新。如果你所说的并非共识，大多数人不会相信你，会很自然地等着看创新者的笑话，等你失败，以验证当下他们的共识是对的，是安全的，再次确认自己当前的道路是正确的。

创新的压力，很大程度来自"非共识"。创新的道路，就是非共识的道路，就是在怀疑与争议中前行的路。

阿里健康打破共识，带来 1 年超 10 亿元增量

想象一下，在手机淘宝上搜索"感冒"会出来什么场景？

最初的时候，其实是一堆各类感冒药。但是很快，负责这个项目的阿里健康洞察到，一般在淘宝上搜感冒药的人，并不一定要买感冒药。因为感冒是急性病，病了再买，等药到了，感冒有可能已经好了。所以一般人们会在淘宝上买的都是治慢性病的药，需要持续消费的药。那感冒的人一般都是如何买药的？

经过调研，阿里健康发现，得了感冒的人一般都会直接去药房，先咨询药师，然后才会买药。

得到这个洞察，阿里健康就做出下面这个页面：先是免费咨询医生，继而推荐附近药房，最后才是手机淘宝上的各大药品推荐。在一个页面上集中了在线咨询、线上到线下（online to offline，即 O2O）和 B2C（business to customer）三大功能。

然而，这个功能页面设计出来不过需要几分钟，却花了整整半年时间才最终得以实现。为什么？

因为这一个变化，涉及阿里巴巴 20 多个不同部门的利益，整个搜索的逻辑和算法做了彻底调整。

阿里健康最初去跟各大部门沟通的时候，因为这不是共识，没有人愿意相信他们。尤其是阿里搜索头条的"坑位"⊖，日进斗金，双十一期间，一天甚

⊖ 阿里内部称头条广告位为坑位。

至有千万进账。动这块意味着巨大的资源整合、系统调整和"利益再分配"。

最终，阿里健康打通内部障碍，将这个页面落地。结果，第一年就给阿里健康带来超过 10 亿元的增量收入。

从共识到非共识需要智慧，从非共识到共识需要勇气，更需要努力。

3.3.2 效率就是创新的盲区

过去 50 年间，全球范围内的企业都在追求卓越的运营效率，力求在各个方面表现最佳。但在过去 10 多年间，情况急剧转变，经营环境更加波动。

创新创意在这个大环境下变得越来越重要。现在，更多企业开始注重创新创意，起码那些不愿被周遭乱状打败的公司，越来越注重创新创意。

然而，一个企业打造执行力，提升执行效率，首先要打造企业共识。执行力越强的组织，管理共识的能力越强，整个组织对非共识的压制与排异就越本能、越彻底。因为，共识度越高，执行摩擦越少，效率就越高。

企业追求效率，效率源于共识，这已经是大众的共识，没什么创新可言。效率在某种程度上就是创新的盲区。所以，共识有助于管理者的管理，但对打造创造力却起反作用。

为什么制造业企业创新难？为什么执行效率极高的大企业难创新？因为这类企业的执行力太强了，他们基本上是靠一个共识在运转，执行途中几乎没有意外。偶尔有小意外、小摩擦，也被迅速地同化、统一。换句话说，组织管理共识的能力极强！

但是，创新就是意外，就是不效率、非共识。因为彻头彻尾，无中生有的创新是不存在的。

在《创新者的窘境》那本书里，克里斯坦森专门提出了一个解决方案——大企业应该用独立的小机构来做创新的事情，去容纳非共识，去尝试，去实验，去突破原有限制。

既然企业内部管理共识的能力超强，效率超高，那么如何才能打破共识？

京东数科在开发针对大学生群体的金融服务项目中，共创团队经过数轮拼杀，团队最后共创出来的机会点，居然是一个之前所有人从未想过的点，甚至不是之前数百个点中间的一个，而是基于所有的调研和互动，迸发出来的一个全新的点。

就是这个大家集体发散也想不到的点，如果没有集体到大学校园来共创，坐在办公室里，说不定没等到负责人否决，团队自己就已经灭掉这个看似很不靠谱的小概念，更有可能的是，这个小概念根本出不来。

然而，在共创体系的推动下，这个小概念不仅萌生了，而且在一轮又一轮的调研、头脑风暴之下最终成为上至总裁下至整个团队的共识。

这就是共创的力量。

共创就是要不断寻找非共识，达成新共识，再进一步迭代，进入非共识、进而共识的良性循环。

3.3.3 用共创探索模糊边界

1. 我们为什么需要共创？

战略已定的情况下，企业运营过程中大抵会有 2 个核心问题：

- 高层和基层员工之间是否有共识
- 解决方案是否清晰

将之画在一个坐标象限上（如图 3-9），我们会看到：

- 在西南角上，企业上下有很好的共识，解决方案明确，那么，我们只需要执行，完全不需要共创。

- 在西北角上，企业上下没有共识，解决方案却很明确，那么，团队需要团建，统一共识。

- 如果在东南上，大家有共识，但解决方案不明确，头脑风暴可以解决这个问题。

- 唯有在东北上，大家既没有共识，又不知道该怎么办，这时候正是共创最好的时候。

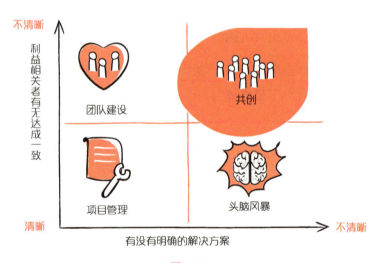

图　3-9

共创，帮助企业定义模糊边界，快速寻求解决方案，突破共识，建立新共识。

我们与可口可乐的一个共创项目中，市场部花了 3 个月和消费者市场调查部、市场营销部、研发部一起努力，获得了 8 个概念；然而在一场为期 8

天的共创中，可口可乐共创团队不仅和来自中国、韩国、日本的研发团队、品牌部、消费者研究部，共50个人的团队组建共创小组，深入调研，还产生了19个概念，涉及确定产品名称、口味、营销方案等全系列细节。

可口可乐的共创成员表示，"共创加速流程，节约试错成本，否则上市后可能造成上亿元的损失。"而且共创促成跨地区协同，产生可共享的概念想法，推动全球性项目的形成和收益、利润的成长。

2. 用共创缩短团队磨合时间

布鲁斯·塔克曼的团队发展阶段模型，将团队成长阶段分为四段：组建期（forming）、激荡期（storming）、规范期（norming）、执行期（performing）。

（1）组建期。这是指团队组建的启蒙阶段。在这个阶段，团队刚开始搭建，彼此间开始辨识团队的人际边界以及任务边界，建立起团队成员的相互关系、团队成员与团队领导之间的关系，以及各项团队标准等。

这一时期，团队成员行为仍具有相当大的独立性，彼此间仍在试探、磨合。这阶段团队领导在带领团队的过程中，要确保团队成员之间建立起一种互信的工作关系。

这时候，指挥或"告知"式领导，与团队成员分享团队发展阶段的概念，达成行动共识是必要的。

（2）激荡期。这时期，团队渡过初期适应和磨合，个体独立性开始成长，各种观念形成，激烈竞争、碰撞的局面也开始显现。团队成员面对其他成员的观点、见解，更想要展现个人性格特征，对于团队目标、期望、角色以及责任的不满和挫折感也会表露出来。

激荡期本来是大多数领导/团队成员不愿意看到的，但是，不得不说激荡期是正常的，冲突其实是一个好的开始。

强调团队成员的差异，相互包容，选择用正确的方式打破差异造成的隔阂，迅速突破激荡期的阶段，进入到规范期，可以大大提升团队效率，推进项目发展进程。

在这个阶段，我们一般会选用游戏，用疯狂帽子等方法让你带上帽子，变身为另外一个人，助力大家突破彼此，顺利渡过激荡期。

（3）规范期的规则、价值、行为、方法、工具均已建立，团队效能提高，团队开始形成自己的身份识别。

团队成员调适自己的行为，使得团队发展更加自然、流畅；有意识地解决问题，实现组织和谐。这时的团队领导可以允许团队有更大的自治性。

（4）执行期。项目团队运作如一个整体。工作顺利、高效完成，没有任何冲突，不需要外部监督。

团队成员对于任务层面的工作职责有清晰的理解。即便在没有监督的情况下也能自己做出决策。随处可见"我能做"的积极工作态度，互助协作。

我们的共创大都在2天左右。但是，你会惊奇地发现，2天的共创能借助工具和流程帮助这支临时组建的虚拟团队迅速走完这4个阶段，进入执行期。而在常规场景中，大部分企业共创是为了建立共识，寻找解决方案，但共创结束，团队也在某种程度上渡过了他们当时所在的阶段，开始朝更有创造力的方向前进。

共创本身就是模拟组织一个全新团队。如何用更有效的方式帮助团队飞跃前期的组建期和激荡期，提升规范期效率，并最终在执行期有效落地产出，是共创重点，若没能有效地产出，亦是组织成长过程中一个很好的借鉴。

3.4 共创，推动商业在 VUCA 时代砥砺前行

3.4.1 我们已经进入 VUCA 时代

2018 年被投资界、产业界称为寒冬，更多人悲观地预测，2018 年将是未来 10 年里最好的一年。

我们无法对这个论调做出评判，但是，很显然，2018 年是符合 VUCA 时代特征的。

近两年走进大众视野的 VUCA（中文发音一般为"乌卡"）是 20 世纪 90 年代起源于美国军方的词，原本是美国陆军军事学院用来形容导致冷战结束的多边世界格局。20 世纪 90 年代，宝洁已退休的 CEO 罗伯特·麦克唐纳（Robert McDonald）将其引用到商业世界。至此，这个词开始被普遍使用到商业和教育组织中。VUCA 是 volatility（易变性）、uncertainty（不确定性）、complexity（复杂性）、ambiguity（模糊性）的缩写。

VUCA 完美地概括了后互联网时代商业世界的特征，实际上也完美地诠释了 2018 年——易变、复杂、不确定、模糊。

在 VUCA 时代，信息的超饱和不断打破各领域的已有平衡，无论是商业组织还是我们个人，很容易发现自己处于一团乱麻之中，组织尤其需要一种复合的、动态的、敏捷的灵活方式，帮大家定义模糊，寻找新共识，迈出下一步。

共创某种程度上正是为了打破僵局，定义模糊而生。

有趣的是，我们整个 2018 年的共创项目较 2017 年增长了 600%，大量共创项目在 2018 年爆发，其中绝大部分是带着命题而来，还有一小部分是希望变革组织，让企业内生成长出创新源动力。

3.4.2 商业的极限和创新的力量

仔细一想,确有道理。在上一个时代,商业机构大都方向明确,以增长为核心目标,这时候追求有序和效率就是商业世界的主旋律。而且商业之所以刻板、规矩,是因为一切建立在逻辑、约定和合同之上,合约的核心要义是限制对方的权力过分扩张,所以商业要求的是克制、不逾矩。

很显然,**我们已经进入一个新时代,商业时代所能完成的创新已然到了某种极致,我们必须寻求新的方式、新的工具来构建未来**,这个未来可能是商业的,也可能是我们之前从未有过的某种形式,没有人知道。

哪怕商业时代的变革于你毫无意义,我们身处的 VUCA 时代也迫使我们必须适度地放下心防,迎接挑战。

现如今,物理和数字世界日益交融,数字世界越来越现实,虚拟空间越来越丰满,在两个世界间穿梭、停留,甚至在物理与现实的交界点生存,没有即兴,不去共创,我们很可能会长期停留在原地。

不少团队都有过类似的经历:在内部,大家都曾经往目标方向努力,然而只有在一次颇具仪式感的共创之下,一切才遽然明晰,促使大家踏出试探性的第一步。阿里巴巴、可口可乐、京东等无不如此。

但是,共创不是灵丹妙药,也不是一碗毒鸡汤,而是教会我们在面临重大决策的时候,相互理解,但又彼此独立,多一个思考的纬度,为自己打开一个新的平行空间,并在此基础上落地、迭代,尽快失败、早点失败,以期早日在混沌中蹚出一条明路来。

萧伯纳曾说过,"所有进步都取决于'不合理的人'",共创之后的共识,让人有勇气踏出第一步,去尝试一个貌似不合理的可能。但是,如果不试,我们就少了无数可能。

3.5 工具:共创

3.5.1 疯狂发想法

在这个浮躁的年代,一提到头脑风暴,大家都急着要产生很多的概念。那么,要如何打开创意的闸门,让点子源源不断地涌出来呢?首先要做的是抛开所有的条条框框,彻底地"疯狂"起来,思维越狂放,构想越新奇越好。

在这里和大家分享一个常用的拓宽思路的工具,叫作疯狂发想法,人与动物或最好的人工智能的不同之处就在于,我们人类拥有将"是什么"(what is)延伸至"如果什么,将会怎样"(what if)的能力。

疯狂发想法就是给挑战一个不同的前提,在这种背景下思考更多的解决方案。

静默思考　　　　分享迭代　　　　分类筛选　　　　视觉呈现

疯狂发想法的使用方法

(1)提出一个挑战,其中包括核心洞察和基础的服务假设。比如我们发现在晚上加班点外卖的时候，女生们会担心自己的人身安全问题，那么是否可以针对夜晚独身女生希望被保护的需求来设计服务，让她们时刻都有安全感。

（2）给挑战设定一个假设，这个假设一定要和脑中马上蹦出的不同，引导共创者从不同的视角去思考，考虑各种极端的情况。你可以提前将设定好的假设做成卡片，即"如果卡"，卡片中的假设需要具有普适性（如图3-10）。

图 3-10

（3）进行多轮的尝试，确保每人的思路被充分打开。巧妙运用"行—停—行"的技巧：3分钟提出假设，5分钟进行思考，再3分钟提出假设，如此反复交替，形成良好高效的节奏。尽可能静默式思考，这个环节不需要讨论，避免思路被他人影响。

（4）分享所有人的创新概念。

（5）将产生的概念按照可实现的时间进行排序，时间长短可以根据实际情况进行调整，从中筛选出最有趣、最疯狂、最特别的点子，并完善它。暂时先不要考虑商业和技术可行性，而是更多地从拓展可能性的角度来看。

> **· 小贴士 ·**
>
> - 过程中将所有你想到的点子用便利贴记录下来，不要遗漏任何的想法。
> - 每个便利贴只能记录一个点子，尽可能简单明了，突出关键词。
> - 分享的时候遵循"一次一个"的原则，每一轮只能有一个人发言，如果在发言的过程中其他人有任何的想法可以用便利贴进行记录。
> - 永远不要嘲笑任何点子，每一个现在看起来很傻很疯狂的点子最终都可能让你惊艳。

这时你会惊喜地发现，你得到了很多原来没有想过的创意。创意会被条条框框的限制所束缚，但是没有限制的挑战最终只会不着边际。恰到好处的限制正是打开创意大门的钥匙。

3.5.2 头脑风暴图

如果你的思路还没有被充分打开，还有另外一种常用的方法可以帮助你拓展思考——头脑风暴图。这个头脑风暴图提供了九种思考维度。

举个简单的例子，假如我们现在的想法和挑战是如何追隔壁部门的小刘（如图 3-11），那么使用这个方法有可能产生的结果如下：

头脑风暴图的使用方法

（1）把现有的想法或者挑战写下来。如你的想法是在银行门口可以放一台自动提款机。

图 3-11

（2）根据每一个不同的方法进行思考，得到一个新的解决方案。

替代法：将现有解决方案中的组成元素进行拆分，思考其中任何的一个部分是否可以被其他办法所取代。"银行门口可以放一台自动提款机"可以被拆解成银行，门口，自动，提款机几个元素，提款机的体积那么大，是否可以换成一款便携式的产品？

组合法：思考其他的资源是否可以与现有的解决方案进行组合。比如现在有先进的数字科技，是否可以将高科技与提款机进行结合？

借鉴法：顾名思义，借鉴其他优秀的方案。

改进法：将现有的解决方案进行升级。银行门口的提款机外还可以再增加一个保护亭。

拓展法：将现有的解决方案拓展多种可能性。不仅仅可以提款，还可以存款。

转换法：放弃目前的一些目标，转换另外一种思路。比如提款机可以达成的目标是取现金，那么是否不一定要取到现金，但是至少可以实现转账和更改密码等功能。

消除法：消除现有解决方案中的单一元素，比如消除银行门口这个元素，可以是任何地方，那么会有什么样的解决办法？

逆向法：突破固有思维，逆向思考。如果不是顾客到银行来提款，而是钱可以自动到顾客手中呢？

重组法：将现有解决方案中所有的元素重新进行排列组合，如果提款机中设计了一个网上的银行，那可以如何操作？

（3）从所有的解决方案中获得灵感，优选其中可行的选项。

· 小贴士 ·

- 不用一次性将9种方法都尝试一遍，任何一种方法都可以单独进行辅助思考。
- 有时可以将9种方法做成签，放在签筒中，当你的思维遇到瓶颈时抽取一个。

3.5.3　635头脑风暴法

635头脑风暴法，又称默写式头脑风暴法，是德国人鲁尔巳赫提出来的，针对多人争着发言易使点子遗漏的缺点而创立。该风暴法与头脑风暴法原则上相同，不同点是把设想记在卡上。

头脑风暴法虽规定严禁评判，却鼓励自由奔放地提出设想，但有的人对于当众说出见解犹豫不决，有的人不善于口述，有的人见别人发表与自己相同的意见就不发言了。

635 头脑风暴法的使用方法

（1）参加者为 6 人，但不局限于 6 人。

（2）在每个人的面前放置 2 张设想卡，卡片平均分为 3 部分，每部分可以有 3 个方案，每张卡片可以罗列 9 个方案。开始进行前，由出题者提示问题，如有疑问点必须预先提出。

（3）以 A 至 F 代表 6 个人，每人必须在 5 分钟内写出 3 个设想。

（4）5 分钟一到，每个人都要将卡片传给右邻的参加者，然后构思 3 个新的设想。

（5）依此类推，在短短半小时内共完成 6 轮设想，可产生 108 个设想。

（6）会议结束后整理归纳这 108 个设想，找出可靠的设想方案，并组织下一次会议进行下一步讨论。

> · 小贴士 ·
>
> - 不要对其他人的想法进行评论。
> - 抓住每一个脑中产生的想法并将它记录下来。
> - 在这个阶段，点子多多益善。

3.5.4 世界咖啡

世界咖啡的主要精神是跨界。不同专业背景、不同职务、不同部门的一群人，意见互相碰撞，激发出意想不到的创新点子。人们很容易被自己的专业和经验所限制，公司也很容易被既定文化或价值观所限制，同构性越强，越不容易产生新的点子。

世界咖啡让参与者从个人固有风格、学习方式和情感智商等维度解放出来，用新的视角看世界。

世界咖啡的使用方法

（1）将所有共创者分成至少 3 个以上不同的小组。

（2）每个小组留下两位共创者，其中一位负责讲述小组的创新概念和想法，一位负责记录其他人的反馈。剩余的成员将移动到其他小组给予反馈。记录者详尽记录每一个细节，确保信息不被遗漏，并尽可能忠于原始信息。

（3）每轮10分钟时间，3分钟讲述概念，7分钟反馈，反馈的内容包括"我喜欢……为什么""我不喜欢……为什么""我建议……"。10分钟以后移动到另外一个小组给予反馈。

（4）所有共创者回到自己原始的组内，组内成员分享其他组成员给予的反馈，所有人将对概念进行更新与迭代。

（5）几轮后所有小组在一起进行一次全体会谈。这是一个大家共同反思的机会。到处走动产生的想法也会改变参与者们的常规思维模式，放弃起初固守的立场和想法。

· 小贴士 ·

- 其他人给予反馈时，不要急于解释和辩解，请先把对方的反馈记录下来。
- 给出负面反馈时，不要一味批评，应同时给出建议或解决方案。
- 请记住世界咖啡并不是要把你的想法出售给对方，而是把你的想法变得更好。

3.5.5 DVF 筛选法

共创最后一个步骤也是最重要的一个部分就是筛选，如何在众多的概念中发现真正的珍珠是一个巨大的挑战。我们可以从用户、商业和技术三个维度来筛选概念，即 DVF 筛选法（见图 3-12）。

图 3-12

DVF 筛选法的使用方法

（1）确认用户合意性：我们的创新概念是用户真正需要的吗？是否解决了他们最急迫的痛点？用户现在使用的是什么解决方案？我们新概念的优势是什么？

（2）确认商业可行性：我们可以从这一解决方案中盈利吗？用户愿意为它花多少钱？用户想通过什么渠道使用这个解决方案？这项解决方案为何值得用户更频繁地使用？这项解决方案为何值得用户传播分享？竞争对手可以复制我们的方案吗？

（3）确认技术可行性：哪些概念在技术实现时是有挑战的？是否有技术风险？是否契合我们的品牌？

> · 小贴士 ·
>
> - 筛选需要跨部门人员参与，由管理层、品牌部门、技术部门等，从专业的角度进行仔细评估。
> - 概念筛选时还需要考虑传播的网络效应，如果一个想法很好，但是很难快速拓展，也会减少商业价值。

DVF 法过后，可以应用概念筛选想象图将概念进行排序（见图 3-13）。其中重要性高又能预估效果的概念可以直接推进执行；重要性低但能预估效果的概念可以将其优先级降低；重要性低且效果不确定的概念可以暂时删除；重要性高且效果不确定的概念要进一步进行优化和深入研究。

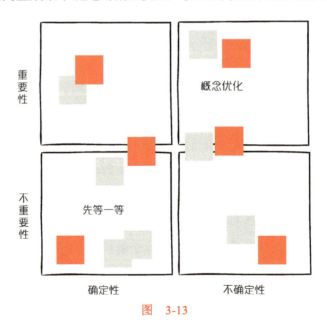

图　3-13

| 第 4 章 |

一粒老鼠屎坏一锅粥

服务设计不只是设计服务触点，而是针对用户进行整体体验的设计；服务设计的对象也不只是用户，还有服务提供者、系统管理者等多方利益相关者。良好的服务设计必须具有上帝视角，所以，我们说服务设计是新时代首席执行官（CEO）必备的技能。

为什么星巴克、宜家这样的品牌会在顾客心中留下深刻印象？他们是如何让用户的体验完整、流畅的？在新零售大行其道的当下，线上线下的服务如何无缝衔接？

本章为大家阐述整体性概念的同时，也会为大家介绍服务设计的核心工具之一——用户旅程。通过用户视角的旅程，重新审视业务流程，整体考虑品牌和用户的接触点，从全局把握细节，为用户带来全方位体验的同时，也向用户输出整体的企业形象。

4.1 整体性带来完整的品牌感知

4.1.1 分段式的体验

我去过一家火锅店。苏州园林式的店面看上去非常雅致。当我走进店里，却有两位穿着内蒙古服饰的服务员献上哈达，热情迎接。店内贴着花花绿绿的牛羊肉促销广告。待我坐定点完单后，一位穿着火辣的短裙美女开始向我兜售进口的精酿啤酒。买完单后，服务员送上免费的水果，并希望我能向朋友推荐。

老实说，这家店的菜品和服务质量都非常不错，然而我却不知道该如何向人介绍。我是介绍由室内设计师设计的苏式风格的店面,还是由市场部门组织的内蒙古草原牛羊肉促销,抑或是由供应商发起的精酿特价?这三样,每一样都可以成为这家店的亮点,然而凑在一起,却不伦不类。

作为一名顾客,感受到的永远是全流程的体验,而不是单点的创意。所以服务设计不是设计服务亮点,而是从时间的纬度,用全局的眼光把握细节,协调各触点与品牌调性的一致性。

服务设计,犹如一根串珠子的线。服务设计者在了解每颗珠子的优劣特点后,精心筛选合适的珠子,把他们串成一串漂亮的珍珠项链(见图4-1)。

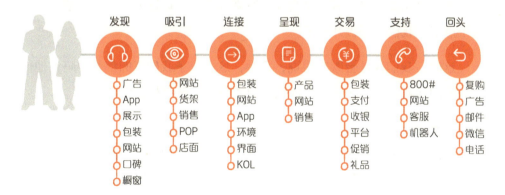

图 4-1

服务前让顾客知道你、服务中让顾客爱上你、服务后让顾客变成忠实粉丝和传播者——这就是服务设计的整体性。无论是医院、银行，还是牛肉面馆，每一个行业，其实都可以用这样的整体性思路去看待。

用户体验的整体性可以从纵向和横向两个角度去考虑。横向以时间为基础，纵向以单个触点为基础。只有横向和纵向相互结合，才能使用户体验成为一个有效整体。

4.1.2 整体性 = 用户体验 X 品牌

整体性并非一味只看到用户需求，而不关注企业的品牌传达。

好的服务设计要能够整体地考虑客户需求与企业收益，使之达到一个平衡。在设计用户体验时，要有优先顺序，有起有伏，懂得取舍。好的服务设计就像一部话剧，剧情环环相扣，才能让观众沉浸其中。所以在我们跳进执行细节前，从整体性的上帝视角对服务亮点进行筛选和优先级排序至关重要。

在主持项目的过程中，经常会有客户说，我们需要创意。每每我们和客户一场头脑风暴下来，客户又会说，原来我们也可以这么有创意，拿着这上百个点子，我们就回去开干了。

这时，我们往往会跟客户说，且慢，这些点子我们真的都需要吗？他们与我们的战略方向都一致吗？他们之间的关系又是怎样的？

没有企业能够无限制地满足所有用户的需求，企业需要考虑自身品牌策略和资源限制来针对性地设计品牌体验。比如上海迪士尼乐园的广告语"点亮心中奇梦"，从品牌层面定义了给顾客的终极体验。迪士尼从整个园区的奇幻设计到所有的帮顾客实现心中梦想的娱乐和服务，在细节和整体体验设计时都融入了品牌调性,保证整体旅程和单个细节都符合迪士尼的品牌广告,点亮顾客心中的奇梦。最终实现体验与品牌之间相互促进,共同成长的良性关系。

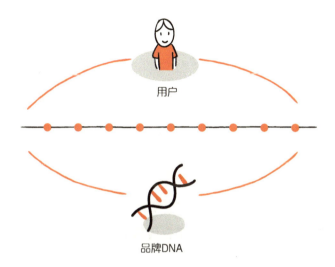

然而,也不是所有好的服务体验都能带品牌进入新的境界。很多时候,用户只记住了体验中的亮点,却看不到品牌。

4.1.3 四步走,打造有灵魂的用户体验

如何将品牌策略融入用户体验?你需要四个步骤。

第一步:仔细研读你的品牌战略。看似简单的工作其实并不简单。这是第一步,也是最重要的一步,正确理解品牌战略。

第二步:反问自己,如何将品牌理念传递给你的用户。很多好的体验设计用心良苦,但是顾客却很难看到或者压根看不懂品牌想要传递的理念。传递品牌理念的方式不少,不在于方式有多新颖有多丰富,而是在于精准和共鸣。

第三步：定义体验推动因素。企业的品牌战略是给内部员工看的。而体验推动因素是给外部用户看的，是贯穿用户体验的关键词，是企业想要通过产品和服务带给顾客的核心价值。比如，苹果公司 1997 年提出将"非同凡想"（Think Different），作为品牌广告语。之后苹果陆续推出了如彩色电脑等一系列革命性的产品。同时，实体店的设计、体验、产品的人机交互等都充分贯彻了"非同凡想"的品牌理念。

第四步：设计用户想要的。做好了一切准备工作之后，就需要设计具体体验，这个体验必须是满足客户需求的。

4.1.4 "反"用户体验背后的品牌逻辑

蔚来汽车（简称蔚来）近年来饱受争议，它在技术方面的局限让品牌前途未卜，但抛开这方面的问题，蔚来在传递品牌价值、打造用户体验方面的做法的确可圈可点，堪称业界标杆。

蔚来汽车创始人李斌在《用户体验是商业变革的核心》中分享：用户体验不是为了取悦所有人，而是需要考虑背后的品牌逻辑。蔚来汽车在上海车展第一次亮相的时候，他们搭建了一个 3600 平方米的展台，做了许多新的尝试，但用户必须下载 App、关注微信号才可以进入。

这件事，初看很不人性，但是，蔚来是一个很重视用户沟通的品牌，他们的想法是，在车展这样一个开放的场景下，如果参观者连下载 App、与你有深度互动的想法都没有，那进一步的沟通、社交的可能性显然更低，更不用说买车了。通过这种做法，蔚来筛选出了真正有价值的种子用户。

车展中他们的亲子中心的设计也是基于同样的品牌逻辑。车展寸土寸金，蔚来汽车却在现场搭建了一个几十平方米的亲子中心，还邀请了专业的幼教老师入驻。前后照顾了 100 多位小朋友。这是上海车展历史上第一次出现由品牌商搭建的亲子中心。

"我们不是为了展示概念。而是我们相信，看到亲子中心的观众，哪怕他没有带自己的小孩到现场，也能感受到我们这种关爱用户的文化和价值观。"李斌表示，虽然展厅内的亲子中心占据了一块原本可以展现概念的区域，但相比科技的酷炫，对人性的关怀更能体现品牌的不一样。

除了别出心裁的车展外，蔚来 ES8 还设计了一个"女王座驾"。它不仅提供温馨的电动腿托和脚托，椅子还可以从前排推到第二排。为什么要这样？因为他们考虑到坐副驾的妈妈既要和爸爸说话，又要照顾第二排的小朋友。"亲子模式"让蔚来的关爱有更多场景化表述。

相比用户的痛点，用户的痒点、爽点更能体现品牌价值。蔚来汽车还突破了传统的以购车用户为中心的设计：蔚来汽车的用户中心，不是给没买车的人去体验、了解汽车的。因此，用户中心只用了很小的面积做展示厅。其余更大的部分，营造的是让车主（已购车用户）觉得方便和自豪的"城市绿洲"。在这里，车主可以见朋友、做交流。

"我们当然要对车主（已购车用户）更好，而不仅服务潜在用户。"李斌解释道。

这其实就是传统产品型企业和服务型企业的区别。产品型企业，把产品卖掉就结束了；而服务型企业则关注整个服务流程。服务型企业在售前关注品牌触达和企业理念的有效传达，在售中把产品和服务并重，在售后才真正开始服务旅程。这就好比王子和公主结婚了，但婚后的柴米油盐养儿育女，才能真正体现婚姻的真谛。

过去，传统汽车企业卖完车之后，就把余下的买保险、拍牌照等一系列问题交给用户自己去面对。想象一下，"如果你今天在电商网站上买东西，却需要自己去银行柜台汇款，去邮政取包裹，去电商的维修中心换货，用户会体验好吗？"李斌的这个比喻顿时让人穿越互联网回到现实。

服务设计关注以品牌战略为核心，以用户需求为指引，去规划、设计体验。这是一门平衡品牌和用户的艺术。

4.2 用户旅程重塑客户体验

4.2.1 用户视角的旅程

从整体性出发，设计品牌能带给用户体验的，最常用的工具就是用户旅程图。用户旅程图是指从用户视角，以用户体验的时间为逻辑线条，用描述故事的方式展现用户经历的各个阶段和所有用户与组织产生交互的时刻。

绘制用户旅程图可以让用户体验过程中有形或无形的交互可视化，并且能够促进项目团队成员间达成认知共识，建立用户同理心。

用户旅程图的结构会因故事线结构的不同而呈现出非常多样化的形式。例如有根据时间展现整个过程的（见图4-2），有根据用户差异性采用不同款式的旅程图的（见图4-3），也有展现产品使用周期的（见图4-4），等等。但整体而言，最终旅程图都包含四个主要的模块——认知（认识你）；吸引（吸引你）；欲望（爱上你）；忠诚（行动力）。

第 4 章 一粒老鼠屎坏一锅粥 | 135

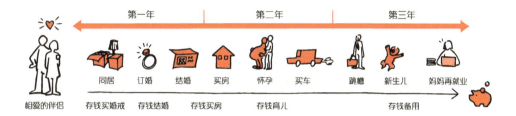

图 4-2 线型用户旅程图

图 4-3 故事型用户旅程图

图 4-4　环型用户旅程图

4.2.2　五感的设计优先级原则

用户对于体验的感知，通常是从五感（视、触、味、嗅、听）开始的。通过赋予用户不同的感官体验，品牌和服务可以带给用户更加丰富的体验。有时感官的具体感受会随着时间的推移而模糊，用户却会对品牌和服务印象深刻。比如每一家香格里拉酒店都使用同一种香氛。久而久之，一踏入香格里拉酒店的大门，你就会有一种熟悉的感觉。而某些地下酒吧，专走高冷风，选择的现场曲子都极其清冷、小资而摇曳。你未必会记得听过的曲子，但你会记住这些酒吧的不一样。这些都是五感的一个方面。

用户对于服务的感受是立体的。每一种感官体验都是其中的一部分。协调、设计五感触点的比例和优先度时必须考虑的是你想要达到的目的——究竟是强调品类的特点，表现品牌调性，还是营造某种特定的形象？

以星巴克与阿里巴巴首度合作的星巴克甄选烘焙工坊为例。它是星巴克全球第二家最高级别的门店，坐落于繁华的上海市中心。

在看案例分析之前，你觉得星巴克甄选烘焙工坊的五感设计应该以哪种感官体验为主，哪一感又是我们最先接触到的呢？

嗅觉？味觉？

都不是，是视觉。无论是重要性还是优先级，视觉都是这项设计中排第一位的。其次是触觉、味觉、嗅觉和听觉。

为什么第一是视觉？你在进门店之前，可能在 50 米开外就已经看到了这个建筑。因此，服务设计师从建筑、室内设计，到使用的道具、店员的服饰、出售的商品，以及 AR 等都进行了细致的考量。无论是文字、图形，还是用材的设计等，都充满咖啡元素，体现了星巴克的整体调性。哪怕是没有进入店面的路人，也能从视觉上获得信息。

除了这些常见的触点，还有如"蒸汽朋克冲煮系统"这类，顾客前所未见、非常适合分享的视觉系内容。

其次是触觉。门店外立面、大门、扶手、家具、商品以及装饰物都是重要的触觉触点。星巴克运用了大量的铜、木材料，质感厚重而有温度。少数物品带来的体验，可以有效地辐射到整体之上。

然后是味觉。烘焙工坊的门店不局限于一般门店的食物品类，提供 80 多种意式美食。顾客可以从咖啡和小食中获得味觉体验。这两个类别的商品之间相互成就，为客户带来丰富的餐饮体验。

接下来是嗅觉。对于没有品尝咖啡或小食的客人，自然扩散在门店环境中的咖啡烘焙的气味，他们也能感受到，这是他们预期会有的体验。另一方面，嗅觉会影响味觉体验。比方说在卖酒的区域，如果感受到强烈的咖啡味道的话，你认为这个酒会很好喝吗？在卖咖啡的区域，如果感受到非常强的酒味，你购买咖啡的欲望会很强烈吗？嗅觉体验是需要精心设计的。

最后是听觉。去过烘焙工坊门店的人都会留意到咖啡豆运输管道的声音。管道被刻意设计，经过用户在店内的主要动线，可以让更多的人听到咖啡在管道内的运输声。因为这种声音是一般的咖啡店所没有的，能够激发用户的好奇心：哎，这东西是干什么的？然后试图去了解。这满足了品牌希望让用户去探索的一个诉求。

五感体验其实不仅仅是新零售从业者需要考虑的，任何产品或服务的用户体验，一定都是通过五感被感知的。

4.2.3　三类触点

用户通过五感感知到品牌，而品牌则通过触点向用户传达自己的理念。触点就是品牌在服务的各个环节中与用户的接触点。比如实体的有户外广告、门店招牌、服务员、墙面装修、灯光、门店氛围、桌子大小高矮、桌椅排布、绿植摆放、各种软装装饰等；数字的有网站、App、宣传视频等；还有人际交互方面，服务员的服务流程和态度、顾客间的交互等，这都是用户和品牌的触点。

比方说我们去麦当劳，远远的、高耸的金拱门招牌就在召唤你；走近一些，红色的建筑和门口的小丑叔叔在等待你；一进门，明亮的灯光，条状高桌高椅或小方块桌椅，让你舒适又略有急促感；有优惠的套餐安排大大降低了大家的点餐难度，提升排队效率；配合明快的音乐，你的进餐速度也不由自主地加快了几分，翻台率自然上升。可以说，是麦当劳培育了快餐文化、快餐需求，以至于人们对快餐的需求越来越高，最终他们还需要配合自助点餐机和 App 点餐，以满足人们对快餐随时可得、越来越快的要求。

不同类型的触点会有不同的特点。

（1）物理触点，如实体菜单、家具、门店、产品等，它们可以通过固定标准去衡量和统一，维护难度低，但变更和替换的成本较高。有的物理触点是可以随用户进入其他场域，是品牌在门店之外继续施加影响力的媒介。

（2）数字触点种类丰富，从简单的背景音乐，到 App、H5，再到更复杂的 AR、VR、AI 人工智能技术，有很多可能性。因为其无实物的特点，数字触点的体验感受和评判标准并不容易统一。数字触点的迭代相对简单，成本较物理触点来说更低。

（3）人际触点比前两者都更灵活，能动性更强。我们需要针对人际触点制定固定标准，却无法 100% 保证实施水平。

从用户角度来看，人际触点代表了品牌的价值观和待客之道，对于树立品牌形象非常重要。越来越多的品牌在尝试建设智慧门店，用新技术给用户带来便捷和科技感的同时，也在改善人际触点无法彻底标准化的问题。但是人际触点所带给用户的"被重视"的感觉，是数字与物理触点无法给予的。

三类触点各有利弊：好的物理触点设计能够打动客户，但是，通过语言和文字向他人分享好的物理体验是非常困难的。数字触点可以不受空间和时间限制，提供不间断的内容和体验，但是没有针对性的设计难以产生共鸣。门店所提供的好的人际触点所带来的感受，在传播中很容易产生共情和共鸣。

还是用星巴克烘焙工坊来举例（见图 4-5）：

图 4-5

物理触点重点突出品牌价值。不同于其他品牌追求"血统纯正",星巴克烘焙工坊从中国文化中汲取元素用于室内设计。这种"因地制宜"的策略,并不会削弱星巴克自身的特色,反而使得不同的旗舰店在有相似本质的同时,具有足够的个性,提供独特体验。其次,星巴克烘焙工坊将过去客户接触不到的咖啡烘焙过程展示出来,呼应体验的内核。

除了这些共通的体验,不同的门店探索攻略手册又引导出差异化的旅程。

人际触点传播品牌文化。每一个重要场景都设置了工作人员这一人际触点，从入场引导，到负责收银的工作人员。星巴克布置了足够多的服务人员以确保其服务范围覆盖整个店面。服务人员也不再是被动地等待顾客提出要求，而是主动提供服务，如主动配合拍照的工作人员，介绍咖啡知识的咖啡师。他们各有职责，同时也承担着回答客户提出的问题、传播信息的工作，让品牌的文化透过人与人的交互而被感知。

数字触点引发深度互动。星巴克烘焙工坊和阿里巴巴合作，将移动端互动延伸到了非常普及的淘宝与支付宝 App 上，扩大了接触面。AR 体验打破了虚拟与现实之间的壁垒，让获取咖啡知识的过程更加鲜活，鼓励客户探索。

通过星巴克"线上工坊"，用户可以在家中学习咖啡知识，也可以订购在店内烘焙好的甄选咖啡豆。因为要真正培育咖啡文化，一定得让客户由衷喜欢咖啡，能够去实践。整个线上部分是对线下实体的补充和延展。

在任何一个产品形态或服务系统里，这三类接触点必须要相互配合，才能打造出好的用户体验。而触点之间相互串联，就会形成一条条的线索，深化顾客对品牌的感知。比如上面我们说到的，星巴克烘焙工坊的三类触点，形成了这样的线索：

- 物理线索

烘焙工坊的物理空间顶部有五条细长的铜制管道，经由正门—咖啡烘焙展示区—天顶咖啡运输管—咖啡罐—主吧台—咖啡图书馆—茶瓦纳—冷萃冰滴塔—长吧台，贯穿了整个两层楼的物理空间，涵盖了咖啡制作过程中所有的重要节点。

每个小时，刚刚烘焙好的咖啡豆借助气流在管道中摩擦碰撞，演奏出美妙的声音，最终落入一楼长吧台透明的储豆罐中。当顾客亲耳听到，亲眼看到新鲜烘焙的咖啡落入储豆罐，怎能忍住不现场来一杯或打包带走呢？

这条囊括了咖啡设备、制作、展示的所有重要物理触点的线索，被称为"咖啡交响乐"，它向顾客诠释了星巴克的咖啡专业及文化。

- 数字线索

烘焙工坊的数字触点都是由阿里巴巴团队完成的。数字线索借助淘宝平台，有两大目的：第一，是引导顾客在信息繁杂的物理空间内进行探索。比如，在进入门店时，工作人员就会提示扫码体验数字部分，顾客的淘宝账号也会有提醒。稍加探索，你就会发现烘焙工坊在"AR体验"中设置了很多场景和地图探索方式，用AR技术可以辨识物理空间内的一些专业咖啡设备，观看动画，了解这些设备的用途，如何使用，部分器具还可以直接在线购买。

数字线索的第二个目的，是补充线下服务的细节。在烘焙工坊内，顾客可以通过淘宝在线浏览商品，下单购买，通知取餐，最后开具发票。在客流量较大的线下门店，这些自助式的服务无疑对线下的服务是很好的补充。整个数字线索内的各个触点，都能够导流到线上传播与分享，促进社群的活跃与扩大。

- 角色线索

烘焙工坊将用户分为四种角色：游客、发现者、挑战者、探索者，对应不同程度的参与方式、不同观赏线路。

有针对性的趣味点，让用户依照兴趣主动探索。选择套餐和寻找套餐商品的过程便是用户定制产品和服务的过程。用户在过程中定制了属于自己的记忆点，这种服务设计更容易触发用户分享与社群传播。

"自由行"的顾客，则可以在攻略地图的引导下自由逛店，选择感兴趣的地方深入探索。在店内漫游的过程，同样也是定制自己用户旅程的过程。

烘焙工坊在人际触点方面着重于顾客群体之间的互动，把消费者变成游客再变成主动探索的人，最后成为主动分享的传播者。

通过触点的连接形成线索，通过线索引发品牌和用户之间的深度互动，不同线索相互作用和配合：

- 物理线索和角色线索是实体的，显性的，无论是初次接触咖啡文化，还是深度爱好者，都能参与其中。

- 数字线索，带领用户从线下进入线上，是星巴克咖啡文化社群的能量场，诞生、存在于内容分享与传播中。

在构建数字线索时，烘焙工坊会更多地考虑真正有意愿、有兴趣分享小众化内容的特定用户，为他们提供自我表达与分享的平台，因为这群人才是真正愿意分享传播咖啡文化的人。

不同线索最终形成另一个整体。

- 物理线索和角色线索能够转化潜在用户，吸引目标用户。

- 用户社群组成的数字线索中，用户之间的交流，以及包含在其中的相互认同，是保持品牌黏性的基础。

整体性的设计，能够实现的不仅仅是给用户一次好的体验，而且可以为更长远的策略布局——让品牌被用户感知。

所以，触点非常重要，每一个都关乎用户体验。这不是让你去说服别人，而是希望你通过营造一系列的触点，自然而然地形成线索，带领用户穿越线上线下，游走于物理与现实，进而影响他的大脑，加深他的判断，影响他的决策。

真正的用户决策不是你去说服他，而是让用户自己说服自己。

4.2.4 端到端的旅程

串联的触点，交织的线索，组成了一个有序的整体——品牌。

当用户为了满足某一需求、达成某一目标，在一定的时间框架内，与品牌形成的交集，便是用户旅程。

我们走进一家咖啡店喝一杯咖啡时，整体体验是这样的：听说、预定、入座、了解、下单、享用、沉浸、分享、结账、连接、评论、回头（见图 4-6）。整整 12 个环节，如果切换到某个更具体的品牌，比方说星巴克或者小蓝杯，可能还有更多。

这整个 12 个环节，用我们的行话说，叫**"端到端的旅程"，末端也是始端**。

所以，**服务设计并非只设计服务中的那一刻，而是要整体设计服务前、中、后，以及将整个系统首尾相连。**

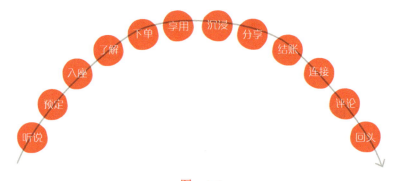

图 4-6

当整体性的思想落实到具体操作时，可以通过两个步骤来完成，简单来说就是大旅程和小旅程。还是用星巴克的烘焙工坊来举例：

- 大旅程中的强势引导

烘焙工坊中的大旅程遵循的是"进店—逛店—选购—结账—享用"的常规模式，但是体验重心从一般实体食品门店的"选购"，转到了"逛店"：

（1）一进入门店，必经点位为咖啡烘焙区与咖啡交响管，前者展示了咖啡的制作过程，而后者是探索旅程的重要组成部分。

（2）入口右侧为特卖/聚集人气的点位，布置了甄选市集以及品鉴吧台，种类繁多的衍生产品能够迅速抓住客户的注意力，而且人群还会互相吸引，进一步提高人气。

对于以品尝和购买产品为主的客户，这种安排有效地节约了他们的时间。

（3）入口左侧为分流点位，焙意之（Princi）面包坊，强烈的视觉和嗅觉刺激，能够有效吸引顾客的注意力。购买了食品的客户，还可以就势前进，进入另一个聚集点位，咖啡厅。

（4）对于两层楼设计的烘焙工坊，楼梯口是探索途径上的重要节点。一层向内延伸的主吧台，以及位于二楼楼梯口的茶瓦纳和咖啡图书馆扮演了向深处引流的角色。作为展示重点的长吧台和冷萃冰滴塔位于二楼，有效地激发了客户上楼完成旅程的意向。

（5）最后，在二楼靠近窗口的位置为大面积的餐桌，是二楼特卖和聚集人气的点位。作为旅程的终点，客户顺势完成了点餐、享用和放松的过程。

- 小旅程中的细节引导

在大旅程之下，还有聚焦某一段细分流程的小旅程。小旅程的作用，一则不分散大旅程的注意力，二则细化小旅程的行为触点，让小场景也能自成一体，同时兼顾大旅程的整体性。

以柜台点单为例，让我们绘制其中的小旅程（见图4-7）。

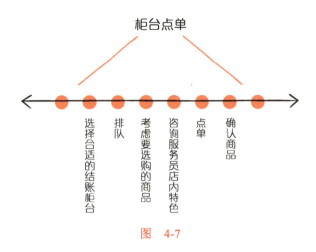

图 4-7

（1）选择合适的柜台

（2）排队

（3）考虑要选购的商品

（4）咨询服务员店内特色

（5）点单

（6）确认商品

大旅程帮助我们整体地了解顾客的动线，思考如何整体地体验布局；而小旅程则更注重细节的体验。

比如，空间点位上的设计：吧台上是否应有产品介绍？扫码的提示应该放在哪个点位上才让用户更容易看到？取餐口是布置在收银台的左边还是右边体验更好？这些细节实际上是核心业务在物理环境中的落地，小旅程可以更好地帮助我们分析和决策。

- 如何通过整体性设计弥补理想和现实的差异

特别是在新零售的领域里，线上到线下再到线上，平面到立体再到更多维度，多种转化随时发生。我们会发现设计时流畅的动线体验，在现实中可能行不通。

因为预想中的用户有明确目的,在理想化的场域内,他们能快速规划出自己的行程。这种情况下,规划出的动线是像树状图般有序的线形路线。

但现实场景中,以星巴克烘焙工坊为例,经常是一群用户一起出现,其中大部分人需要先探索,或者走马观花式的浏览,然后才能决定自己下一步的行动。他们的路线混乱,尤其是空间相对较大的时候,有些能够转化收益的触点,会被他们跳过或者忽略(见图4-8)。当用户的行动不符合理想的用户旅程时,通过深入每一段小旅程,抓住关键的点位排布,品牌依然可以有效地引导用户去看自己想要展示出来的内容。

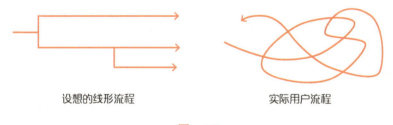

设想的线形流程　　　　　　实际用户流程

图 4-8

4.2.5　痛痒爽+情感曲线=用户旅程的"三点一线"

在用户旅程中有"三点"——爽点、痛点、痒点。

连点成线,就成为用户旅程中最重要的一条线之一,情感曲线。

三点一线是帮助我们深度理解客户,定义市场机会点的重要手段。

1. 痛、痒、爽

用户需求被满足,产生正面情绪为爽点,而遭遇了不良体验,产生负面情绪为痛点。除此之外,痒点是满足人的虚拟自我。

比如，一群人去爬山，他们爬上山后饥寒交迫，已经没有力气下山了，但是山上什么吃的都没有，这是他们的痛点；结果某黑科技外卖公司推出了无人机外卖服务，可以把热腾腾的饭菜即刻送到他们面前，这就是爽点；这架无人机除了送饭菜，还可以把这一行人在高峰之巅把酒言欢的豪迈场景拍摄下来，用于社交媒体的传播，让他们可以在驴友群中炫耀，这就是痒点。

（1）爽点。爽点之所以爽，是因为它不仅仅满足客户的需求，而且超出了客户的期待。现在的许多互联网产品之所以做得如火如荼，正是因为超出了客户的期待。比如：过去，我们饿了就自己下厨，或者去餐厅吃。而新兴的外卖服务，让你足不出户就能享受到美食，爽不爽？想美甲，可以去美甲店，而河狸家的上门服务，能让你素颜躺在家里的沙发上边看电视边美甲，爽不爽？想听音乐，买 CD 就可以，而在线音乐能让你随时搜索最新单曲，不用苦等到货买整张，爽不爽？

（2）痛点。与爽点相对的，是痛点。网上对痛点的定义是：尚未被满足的，而又被广泛渴望的需求。我不完全认同，痛点之所以称之为痛点，一定要够痛。只是未被满足，没有痛到刻骨铭心，必须要解决，不能叫痛点。比如，现在有一群人叫"低头族"，他们每天低头看手机，有看出颈椎病的，看没了工作的，看丢了孩子的……他们迫切想改变自己的这个状态，却又苦于无法摆脱手机的诱惑。苹果手机对此推出了一项功能，屏幕使用时间。这个功能可以定期汇报你使用手机的时间，与之前相比有什么样的变化，在每个 App 上花的时间是多少。如果数字还无法让你足够自律，你还可以设置停用时间、应用限额，主动迫使自己改变这一不良生活习惯。再比如，每次去医院，特别是比较好的医院和医生，都要很早去排队拿号，有一次我凌晨 4 点去排某专家的号，还没有排到。这实在是让我咬牙切齿。后来一些医疗 App 的出现，很好地解决了这个问题。

（3）痒点。痒点之所以痒，因为它总是在撩拨你，让你幻想成为理想的自己，让你心痒难耐。比如，很多淘宝店主都会给产品配上非常漂亮的模特和照片，让你想象使用这个产品的自己也能像模特一样美丽。再比如，很多网红的奶茶、冰激凌、甜品等，每天限量还排长队，大家打卡拍照发圈，向朋友们炫耀，让自己获得优越感，这也是痒点。

无论痛点、痒点还是爽点，都是可以成为服务创新的机会点。我们可以据此设计不同的服务形式、流程和内容。

不过这三者还是有一定侧重点的，**痛点可以帮企业确立商业模式，爽点和痒点更有利于帮助企业塑造品牌形象**。用户必须要解决的问题才构成需求，有需求才有商业模式；而爽点和痒点都是锦上添花，但在现如今物质极其充裕的时代，如果不能帮用户获得爽点，甚至解决痒点，品牌将无立身之处。

2. 情感曲线

在用户体验服务时，不同的服务形式、流程和内容会激发用户不一样的情绪。这些情绪是主观的、感性的，也可能掺杂了复杂的感情。比如，在线购物后，"恭喜您节省了××元"会增加用户的愉悦感，而物流的动态信息会缓解用户的焦虑，增加用户的期待值。

在服务设计的世界里，顾客的情绪也可以被设计。将用户在每一个触点的情感体验值，那些高低起伏的体验值连接在一起，就能够绘制出旅程中的"一线"，即情感曲线。情感曲线能够清晰地展示每一步的满意度和参与度的变化。

用户旅程中的这"三点一线"，可以帮助我们从用户的角度理解他们在特定场景下的行为及其背后的原因。通过对用户情绪的捕捉和洞察，用户的旅程会变得更有节奏。就像一部好的电影，必定有跌宕起伏的情节，使观众时而大笑，时而落泪。

去过宜家的朋友们应该都有在宜家排队结账的痛苦体验。这绝对是宜家购物体验中最让人厌恶的一个环节，长时间的等待，导致我会买更多东西，超出预算，冲动消费。但当我带着这种厌恶的心情走出结账区，1元一个的冰激凌又让我带着愉悦心情和"好便宜"的印象离开了。牢牢把握用户旅程中的"三点一线"，就可以打造有节奏的端到端的体验。

开巴经历了近10年的努力，实现了一个完美的体验价值增长曲线（见

图 4-9），即从功能到情感需求，从产品（啤酒），到解决方案（跟酒搭配的各种美食）、到有温度有情感链接的服务，再到有品牌属性的体验。这个曲线不仅适用于酒吧，在任何一个行业都适用。

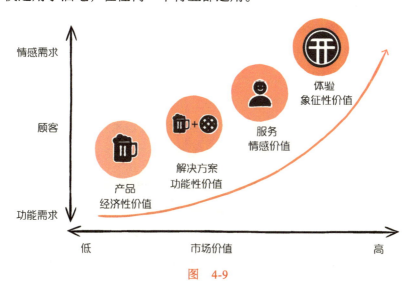

图 4-9

4.2.6 重塑客户体验的 10 个方法

当我们着手重塑客户体验时，有 4 个基本步骤：

（1）画出现有用户旅程图并标注情感曲线。
（2）结合用户体验和品牌诉求，整体考虑并定义可优化的机会点。
（3）画出理想的用户旅程和情感曲线。
（4）细化单点体验。

很多人在看到情感曲线时，立马会说，只要改善这些情绪低谷的部分就可以了，其实服务创新的机会远远不止这一种。接下来我会从两个角度具体介绍重塑客户体验的 10 个方法：利用用户旅程的情感曲线和时间阶段提升整体体验。

（1）拔高峰值。情感曲线的最高峰，也就是用户的体验峰值。在这点上，用户的情绪往往是愉悦的，将峰值体验拔高，就可以充分激发用户的正面情绪，给用户留下记忆点，引发用户自发的互动和反馈，比如分享及传播行为。如果你是一家牛肉面摊的老板，碗里的牛肉可能是客户的爽点，而"更多、更大的牛肉"就是拔高波峰。所以我们要思考，在你的企业服务中，我们可以做什么让客户感到更加兴奋、愉悦。

举个例子，有一家默默无闻的西餐厅，他们家的冰激凌非常好吃。这家西餐厅注意到，店里的客人大多是情侣约会或者朋友聚餐，所以推出了"火焰冰激凌"，即在冰激凌山上点上一根小烟火，待烟火燃尽后，大家共同分享冰激凌山。这就将这家店原本的招牌甜品做到了极致，到店的客人每桌都会品尝。从点上烟火的那一刻到烟火燃尽前，顾客们争相合影，并纷纷在社交媒体发布。甚至有些顾客专程为了这个"火焰冰激凌"而来，并把所有的生日、聚会和纪念日都放到这家店。

所以当我们将顾客的愉悦感放大，便更容易在顾客心中留下深刻的印象。那么，如果你是老板，在你企业的服务流程中，哪些触点已经得到顾客的认可，还可以做什么让客户感到更加兴奋和愉悦？

（2）填平波谷。与峰值相对的是情感曲线中情绪较为负面的部分，即为波谷。任何用户体验都无法避免负面的情绪。我们要正视它们，并通过一些调整，平复负面情绪，甚至将负面情绪转化成正面情绪。填平波谷就是要让客户的痛点不那么痛。

例如，GE医疗发现儿童在做CT扫描时，常因紧张害怕而哭闹乱动，导致扫描失败，需要一次次安抚重来，甚至需要对儿童进行全身麻醉。孩子害怕，父母担心，医护人员效率低，让人着急。

为了解决这个问题，GE 医疗进行了再设计。他们把 CT 扫描仪装饰成海盗船，这降低了孩子的恐惧心理，父母的担心和医护人员的焦虑也迎刃而解。体验的改善一方面解决了用户的问题，另一方面也缩短了检查时间，对医院来说也节省了成本，提高了效率。

（3）优化与客户接触的关键时刻。关键时刻 MOT（moment of truth）在情感曲线中，是指那些与用户交互的重要时刻。与客户接触的关键时刻并不会偶然发生，而是被精心设计，从而被人们广泛传播以及在自身组织里逐渐固化。优化关键时刻，可以让用户的情绪高涨，形成新的波峰。海底捞火锅就是一个非常棒的例子，海底捞的拉面绝活，拉面小哥曼妙妖娆的姿势，成为很多客户来海底捞过生日的理由。

Just Lease 是一家欧洲租车公司，他们发现高端用户不愿意租车的原因之一是，他们认为"租车"不能体现他们的自身价值。为了扭转这种观念，Just Lease 不仅提供超级豪车租赁，且在他们的新客户完成交易前来取车之际，为其举办小型派对。客户在直接交易的过程中获得惊喜。这让租车体验变得高大上，以此彰显出用户的自我价值，让客户在直接交易的过程中获得惊喜。

（4）打造"凤头"。当初我们在传统银行开户需要花费很长时间，历经很多繁复的步骤，现在通过移动互联网，只需 5 分钟就可以在线上创建银行账户。这就是"凤头"，即带来积极正面情绪的开始，让客户在服务一开始就能获得良好的体验。有吸引力的开始，能有效地帮助品牌降低获客成本。

荷兰有一家银行，没有线下门店，只需 5 分钟填写最基本的信息就可以快速创建在线银行账户，后期办理具体业务时再逐步收集其他必要的客户信息。简易的开户流程给用户留下快捷方便的印象，迅速在一拨老牌银行中建立起良好的品牌口碑。

想想看，还有哪些企业给用户提供了令人愉悦的开头？

（5）高扬"豹尾"。"豹尾"，即有力而令人印象深刻的旅程结尾。与"凤头"一样，对用户而言，结束时的体验也非常重要，打造"豹尾"就是让客户在体验旅程的最后也能获得惊喜。

诺贝尔经济学奖获得者丹尼尔·卡尼曼的"峰终定律"（peak-end rule）——峰值和终点时刻的体验，会很大程度上影响用户对整个体验的评价。其中的"终"指的就是这里的尾。

有一家工程机械制造企业，为了更好地为客户服务，推出了一年两次免费机械维护的服务。然而他们发现，负责机器运行的机械师，还是会每年自己维护和检查机器。原来，机械师并不知道制造商的这项免费维护服务，不清楚制造商究竟做了哪几项检查和维护项目。为了确保机器的正常运行，机械师只能再做一遍检查和维护。了解这点后，所有经免费维护的机器，制造商都会挂上一张卡片，说明什么时间做了哪些维护和检查。

为客户着想，努力做事是好的，更重要的是如何能让客户感知到你做的事。

（6）延伸客户体验旅程。很多企业认为，客户从接受服务开始到服务结束就是一个完整的体验旅程了，其实服务前的体验和服务后的体验也有许多创新的机会点。

迪士尼发现很多父母带着孩子去游玩时压力非常大，既要带孩子又要拖行李，到达乐园时已经筋疲力尽。因此迪士尼提供上门提取行李的服务，帮助父母减轻负担，父母只需把注意力放在孩子身上，旅程结束后，他们还会把行李送回去。延伸客户旅程前后的体验，带来更好的感受，提升客户的忠诚度。

（7）跳过体验的阶段和活动。并不是旅程图中所有的环节都对品牌价值的体现有意义，或者能为用户与品牌带来利益。我们要去敏锐地发现，哪些是不加分的服务阶段，我们可以在前台跳过它，节省用户的时间和精力，变不加分为加分。

我们之前坐出租车，到达目的地后，司机总需要挑选能够安全停靠的地段，我们除了寻找现金或者沟通其他支付方式，还要密切注意交警的驱赶，匆忙中有时还会落下随身物品。Uber用信用卡，以及支付宝的自动支付功能，省去了支付的过程，到达目的地后，短暂停靠，直接下车，为用户带来了便利。另外，他们可以帮你跟踪整个行车路线，一旦有司机故意绕路，查看手机便一目了然。梳理服务旅程，尝试跳过一两个不加分环节，说不定会给用户带来意想不到的惊喜！

（8）服务阶段和活动的重新排序。在现有的旅程中，给用户带来积极感受，让他们肯定自己的购买决定大都位于消费触点之后，很难给品牌带来更多收益。

好用但颜值不高的产品往往会遇到这种困惑。用户在购买的时候总会被其他颜值更高的同类产品所诱惑，用户只有在使用过程中，才会确定自己做了正确的选择。这只是一个例子。这时，我们可以通过调整用户旅程的环节顺序，让用户提早感受到产品和服务的价值，进而减小付费的阻碍。

荷兰眼镜品牌Ace & Tate意识到，他们品牌真正的关键时刻其实发生在购买之后——别人夸奖顾客的新眼镜好看的时候。所以他们决定对调支付和使用的顺序，先提供试用服务，客户最多可以将 5 副眼镜带回家试用 5 天，然后再决定是否购买。当用户带上眼镜觉得舒服，或是戴着去上班，有人夸赞眼镜好看，他 / 她会很高兴，觉得自己选对了眼镜。

这个方式适用于我们的很多产品或者服务，考虑一下如果你重新排序，会不会让服务价值感和购买意愿双重上升？

（9）智能体验。智能化和数字化的进程只会越来越快，智能体验也已成为用户的日常。从智能家居、智能楼宇，到智慧城市，物联网、人工智能等，技术的广泛运用正在极大地改变我们的生活。互联网大数据更是早就做到了"比你更懂你"，利用精准算法向用户推荐内容。

新冠肺炎疫情期间，智能社区疫情防控小程序可以帮助社区一线工作人员完成出入登记、健康打卡、疫情通知等工作。而且还将体温贴、AI 摄像头、守门贴等智能硬件产品联网，帮助掌控社区出入人员的健康状况。试想，如果疫情发生在没有智能体验的二十年前，结果又会怎么样？

智能时代，商家用人工智能"猜你喜欢"达成更多的交易，用智能家居让你的家更聪明；疫情中的企业用智能体验改变社区乃至城市的治理方式和公共服务；在未来，人工智能下的服务还会有怎样的可能性？我相信服务设计在激发智能体验的想象力上大有可为。

（10）彻底重新设计。爱彼迎重新定义了房屋租赁，精心策划了全新的体验流程，使客户在世界各地都能体验在家般的舒适感。不仅如此，如今的爱彼迎已变成共享经济的商业模式，"Airbnb for X"已成为"出租空间"的代名词。

这就是"彻底重新设计"，用户的体验旅程与以往认知的模式之间有着颠覆性的差别，商业模式也随之发生了革新。

新冠肺炎疫情期间，武汉的火神山、雷神山医院的设计和运营模式也是颠覆性的：除了应用远程会诊、线上诊疗等，还有建造方式的革新和全新的服务动线设计，有效管控了人流、水流、气流，助力医护人员"零感染"。

在更多行业，重新设计又能创造出什么奇迹？

4.2.7　所有的痛点都需要被填平吗

创新十大方法是有利的创新工具，我们可以灵活运用这些工具帮助我们打开新思路。那么其中的"填平波谷"，是不是逢痛点必填呢？

有个神秘的餐厅，客人不是直接进入餐厅，而是要在预定的时间点到达指定地点。餐厅把同一时段的所有客人都聚集在黑暗的停车点，然后统一送上黑色的大巴，拉往餐厅。

在这个过程中，客人会感觉如同被绑架了一般，一切都不在自己的控制范围内，被未知和恐慌所捆绑。到达餐厅以后却是一片柳暗花明，客人都特别惊喜。

浸入式戏剧的经典之作《不眠之夜》，改编自莎士比亚的《麦克白》，故事发生在麦金侬酒店，体验过的观众们应该也知道，一开始进入酒店时，要摸黑走过一段曲折的过道，才会来到一个氛围轻松、有着舒缓音乐环绕的小酒吧，紧张的神经在此得以松弛。

人生四大喜事之一便是"久旱逢甘露"。如果每天都经受雨水，甘露便不再稀奇，正是因为有了"旱"，甘露的存在才如此令人惊喜。有痛点的存在，才能使用户更深刻、明显地感知到爽点。

作为服务设计者，要做的不是填平每一个波谷，而是应该设计波谷，看波谷应该在什么地方存在，在不触及用户底线的情况下，故意制造一些小小的失落和彷徨，给整个用户旅程制造一些有趣的波动。有波谷的存在，才能衬托出波峰的惊喜。

作为服务设计者，并不是满足了用户所有说出来的需求、解决了用户说出来的痛点，就能做好服务设计，而更应该学会透过洞察去管理痛点、爽点，设计波峰、波谷，从而管理用户的情感曲线，这才是掌控用户心智的更高境界。

4.2.8 以用户旅程图反思用户体验

桥中服务过一家从事医美黑科技的客户。这家来自美国的机构研发了一种全新的设备和护理方式，用小分子喷雾可以让传统美容院 90 分钟的护理过程缩短到 10 分钟，还能同时实现美白、保湿、抗衰老的神级服务。这么神奇的效果，市场反响却很冷淡。这让他们很困惑，为什么效果好、效率高，又能革命性地改变现代美容美体模式的划时代产品和服务，却不能产生良好的市场效果？

通过梳理旅程图，我们发现：客户预期的用户体验峰值在于护理，但是用户体验的实际情况恰恰相反，全程设备护理让用户缺乏对整个护理流程和效果的感知。

- 我们的客户觉得他们的核心优势是，能够在 10 分钟内完成传统美容院 90 分钟才能完成的护理项目；中国用户却质疑，"你怎么证明这么短时间，你能达到的效果和传统美容院的一样？"
- 客户的产品是通过冷喷直接将护肤品喷洒到用户皮肤上的，而中国用户一直被教育皮肤要先彻底清洁，热敷，让毛孔彻底打开，才好吸收护肤品。"直接冷喷能让皮肤吸收吗？"中国用户会有这样的疑问。

为了填平这个波谷，我们提出服务可视化/可感知的概念，就像支付宝转账成功就会有一堆钱币倒下来的声音。这可以让用户感知到每一项服务的进程、服务完成的仪式感。为此,我们建议客户调整灯光色调、在流程上插入语音,将围绕品牌核心价值的五感设计融入各场景触点的设计中。

再厉害的黑科技,如果没有一种可被感知到的形式,客户还是无感。

另外,中国用户认为皮肤具有抗药性,一旦皮肤、身体习惯了某种配方,它将不再具有功效。针对用户情绪上的低点,我们建议客户根据用户的皮肤特征和需求,设计多种解决方案,并将变量考虑进护理流程,比方说,每3个月重新审视一下用户的皮肤需求,并针对性地提出解决方案。这不仅可以让用户感知到其专业性,且每隔一定时间都唤醒一下和用户之间的联系,可以创造新的交互。我们还建议设计客户忠诚度计划来加强品牌对用户的吸引力。

客户体验并非一蹴而就,而是一个需要长期监测,不断调整和优化的过程。所有工具和方法都只是我们的经验总结,最关键的是要坚守整体性的原则,从全局的角度审视自己的服务。

4.3 用整体眼光,打造全方位用户体验

现在应该很少有人不认识宜家这个黄蓝相间的logo吧,宜家在品牌、

营销、用户体验多方面都是赢家，它体验的优势在于整体性，而非某些单点体验。让我们一起来看看（见图4-10）。

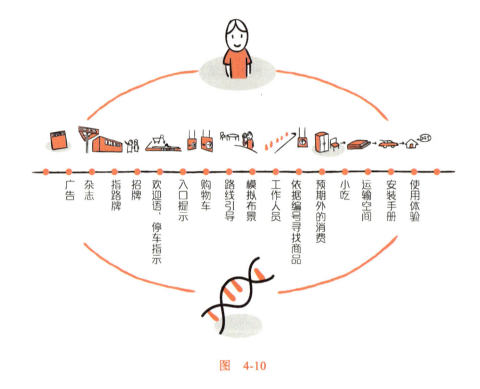

图 4-10

（1）我们常常以为用户体验始于你到达门店的那一刻，然而事实并非如此！你对宜家的了解其实从你看到宜家的广告就开始了，宜家用地铁宣传车厢等形式多样的宣传广告塑造了你对于宜家的第一印象。

（2）宜家的杂志也是一个重要的服务触点，它帮助你了解宜家。喜欢家具的人士，会定期关注这本号称年发行量达2亿册的杂志，查看他们推出的新品和潮流单品。

（3）在你去宜家的路上，你首先会看到醒目的路牌。

（4）到了店门口，你会看到标志性的蓝黄主题颜色的建筑物。特征性的色彩搭配，不断唤起、加深你脑海里已有的记忆，虽然行程还没开始，心理预期已经形成了。

（5）靠近入口和停车场，你会看见亲切的欢迎语以及停车提示。

（6）宜家分为展示厅、购物区和餐厅，商场的入口的提示语对于新老用户都很友好。

（7）哪怕是在购物过程中你不会特意关注的购物车以及购物袋，也是定制的黄蓝色的。

（8）宜家店外有醒目的促销信息预告，进入店里，你会看到很多指示牌，帮助你尽快找到自己想去的地方，也会看到更加详细的当季新品和折扣信息，这些可能最能吸引你的注意。

（9）展示厅内，用家庭的实际装饰场景来展示商品，让你沉浸在里面。比起传统的家具店，你能更好地判断这个商品是不是适合放你家里；而特别舒适、有场景感的整体布置也会激发你的购物欲望。

（10）在整个用户旅程中，宜家的员工也是一个服务触点，他们友好，或者不友好的态度，都会直接形成我对这个品牌的印象。

（11）宜家将集中购物区域和展示厅分开，顾客在展示厅看上的商品，要记下编号，等选完了之后再去提取大件物品，减轻购物负担。当然，随处可见的纸质尺子、正好够手握的铅笔，以及可以放在掌心的纸签，在方便你记录的同时，也将成本压缩到极致。

（12）最后，到了付款的环节，在排队区域堆放了钥匙扣、刷子之类价格较低又有实用价值的物品，在排队等待的时间里，这非常容易抓住顾客的注意力，成为他们购物车里的"再多一件"。

（13）逛了一天出来，宜家的食品区售卖着非常经典的1元雪糕、便宜的软饮和热狗等小食。即使你花了很多钱，你也会觉得这个还挺便宜的，很省钱。

这还不是结束：

（14）宜家规范化设计的产品包装，使得用户可以在车里装下很多原来他们觉得装不下的商品。

（15）宜家说明书中，小零件的示意图为实物大小，一下就打破了平面与现实之间的隔阂，帮助顾客迅速找到需要的物品，掌握装搭的方法。

（16）组装完毕之后，用户将脱离展示厅内精心设计的模板，正式在日常环境中使用宜家产品。

这一站一站体验的连接，在我们心中铸造了对于宜家品牌的立体形象。

服务设计并非聚焦单一触点或者单一阶段，而是需要立足于全局和整体，关注各个触点和各个环节在整体中的作用和位置。横向的阶段，纵向的触点，都是用户旅程的重要组成部分，横纵互相配合，互相作用，才能成就好的用户体验。

服务设计并非只关注服务发生的瞬间，而是需要贯穿服务的前中后，以及收尾连接。服务中当然是品牌和用户交互最核心的部分，也是最能为用户带来价值的部分。而在用户体验的竞争中，综合考虑顾客在服务前和服务后的场景，也许能找到新的突破口。

服务设计并非只关注用户，而是需要综合考虑用户的需求和品牌的调性。同一种服务也会因为不同的品牌理念带来不一样的用户体验。比如，同样提供航空服务，廉价航空和头等舱提供的服务一定是不一样的。所以，严格意义上来说，**用户体验没有最好，只有最合适**，用户需求的满足及品牌理念的传递能保持平衡即可。

任何品牌向用户传递的形象都应该是连续和完整的,所有的体验都应是贯穿始终的。服务设计就是从用户的视角,将企业提供的服务串联起来,打造端到端的服务流程,把企业的品牌价值和文化融入服务流程。

4.4 工具:整体性

4.4.1 用户旅程图

用户旅程图梳理了典型用户从初次了解服务到形成契约关系的完整过程,站在用户的视角再现了用户场景和服务流程的体验感受。

用户旅程图主要用于帮助服务设计者拆解用户需求,思考和评估用户在每个服务接触点中经历的事情与情感,并进行可视化表达,方便团队内部交流并达成共识,最终分析当前需要改进的服务流程。

在提出全新服务时,用户旅程图也可以在服务方案产出阶段用来展示和分析新方案,或和竞争对手提供的服务进行比较。

用户旅程图包含:阶段、行为、触点、用户期待、用户需求(需求、爽点、痛点三点),以及用户体验情感曲线(一线,在每一个触点的情感波动)。这些要素可以根据项目需求进行灵活组合或者单独使用。用户旅程图有众多的表现形式(见图4-11),本章正文有详细描述。

制作用户旅程图的步骤

(1)确认目标用户。定义目标用户典型的具象特征,这有助于在每个阶段查看现有的产品/服务是否符合用户的需求。

（2）旅程要有"头"和"尾"，要分阶段。找到目标用户行为的起点和终点，将用户在整个服务流程中的所有行为分阶段，按照时间顺序贯穿起来，分阶段的维度需要根据具体服务内容而定。

（3）拆分行为。将旅程的阶段进一步细分，列出更具体的用户行为。例如"了解产品"这一阶段下，可能会有多个用户行为：打开产品购买链接，观看页面小视频广告，查看用户评价等。

（4）"爽"还是"痛"。在每一个被筛选出的行为下方标注用户的爽点和痛点。大多数企业往往对于服务中比较了解和重视，而忽略了服务前后这两个同样非常重要的部分。这个步骤可以帮助使用者更加全面地了解、直观地看到用户的体验。

（5）画情感曲线。对典型用户在每个关键接触点的情感体验或满意度进行打分，分数往往和该点的痛点、爽点的数量密切相关。这些情绪分值的点连在一起形成了情感曲线。同时，要将用户的期待值标注出来，以便看到期待和真实体验之间的差距。

（6）明需求。服务迭代的机会点就藏在用户起伏的情绪里，在得到情感曲线后需要锁定关键情感点，可能是波峰，也可能是波谷，然后去洞察情感背后的用户需求。

（7）分触点。寻找整个旅程中的重要接触点以及这些触点上的用户体验状况。触点包括物理触点、人际触点以及数字触点。

用户旅程图如图4-12所示。

第 4 章 一粒老鼠屎坏一锅粥 | 165

图 4-11

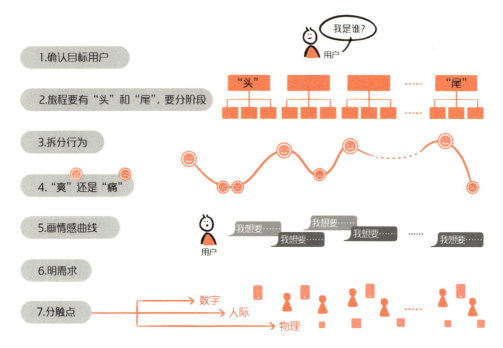

图 4-12　用户旅程图步骤示意图

> · 小贴士 ·
>
> - **要对应**：在梳理旅程时，用户行为与痛点、爽点要对应，需求与旅程阶段也要对应。
>
> - **要客观**：以用户视角而非服务提供者的视角呈现旅程阶段和用户行为，痛点和爽点要基于真实的用户反馈，而非服务提供者的假设。
>
> - **要清晰**：在拆分用户行为时，尽可能拆分到单个行为，不要在一个步骤内堆叠多个用户行为。梳理时，将行为按时间顺序排列，以免造成混乱。

4.4.2 场景卡

场景卡用于描述不断重复发生的问题,其作用在于从场景中获得洞察和未来的服务机会。它和用户旅程图的区别是它专注于单一的场景,可以更细微地了解用户处境。

场景卡的制作

(1)先确认需要展开分析的重要触点,思考在该触点上可能发生的场景,该场景的基本信息包括:人物、时间、地点、事件(起因、经过、高潮、结尾)。

(2)描述用户现有的解决方案以及其带给用户的爽点、痒点和痛点。

(3)分析用户需求,提出未来产品或服务的设计假设。

> **· 小贴士 ·**
>
> - 场景卡经常和用户体验旅程地图搭配使用,用来展开思考重要触点,甚至有时会被融入用户旅程图,变成它的一部分。
> - 场景卡的描述要尽可能的鲜活生动、注重细节,让人有身临其境的感觉,帮助设计师更好地建立同理心(见图4-13)。
> - 场景卡中的设计假设只是一个最初的构想,还需要后期的完善与细化。

图 4-13

4.4.3 服务供给地图

服务供给地图（offering map）是用来分析可提供给用户的服务地图。可视化的方式可以更好地将想要提供的服务进行详细阐述。

在设计后期概念落实阶段，或者在交流设计方案时都可以使用服务供给图（见图4-14）。

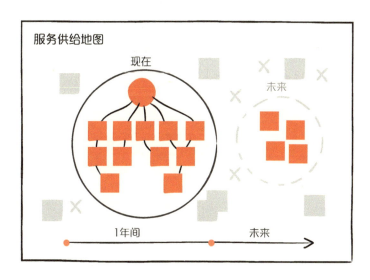

图 4-14

制作服务供给地图的步骤

（1）梳理服务能为用户带来的价值，例如健康的生活方式、省心快捷的餐饮系统。

（2）呈现为用户提供的服务内容，可以是每个关键触点的具体服务内容，例如小程序、网站、线下体验空间、服务人员等。

· 小贴士 ·

- 由于用户需求（needs）和服务端的供给（offering）有着直接对应的关系，在表达服务概念时，可以同时呈现用户需求和服务供给。此时服务供给图通常需要展现逻辑和层次，因此多用信息架构图表现。

- 服务供给地图没有标准的格式，可以由文字、图片，或者网状结构图表来描述说明。使用时可根据具体的阶段目标和服务对象差异来有针对性地组织语言或表达框架。

| 第 5 章 |

体验设计让你走得好,
服务设计让你走得远

体验设计关注触点和人，而服务设计则是由表及里，将触点、用户体验和组织中后台支持都规划在内，体验设计是服务设计的起点。

近几年爆红的网红店、网红产品，无一不是在体验上走到某种程度的极致，大大超出你原先的认知。然而，喜茶也好，丧茶也罢，小蓝杯也好，黄太吉也罢，有几家坚持下来并持续做大，真正成为一家让你承认的品牌？至少现在大家都持观望态度。

倒是优衣库，凭借卓越的供应链和强大的设计、品牌和后台管理，成为网红店十多年，依旧人流如潮，店铺开到全球，2018财年营业额和利润都有两位数成长，是目前全球排名第四的服装零售企业。

这些正好说明，体验设计让你走得好，服务设计因为关注中后台支持，更让你走得远。

尤其在而今线上线下融合的时代，如何通过用户体验的完整性，倒逼中后台组织结构重组，打破部门壁垒，重组企业组织架构，让企业真正"由表及里"地转型为数字化企业，让体验不止留存于表面，更关注由表及里的和谐性。

由表及里的好处：

（1）结合品牌需求管理、提升用户体验。

（2）在90后、95后成为就业主力的时代，让员工更好地服务用户。

（3）从用户体验倒逼组织管理提升，打造更符合新时代的组织形式。

5.1　服务设计 = 前台体验 + 中后台组织设计

如果拿服务设计和时下热门的体验设计做一个对比,那么我们会说,体验设计关注触点,力图以消费者为中心,提升消费者在每一个触点的体验,包括线上触点和线下触点。

服务设计则关注由表及里,从触点设计带动中后台组织变革,考虑触点和企业运营模式、商业模式等是否能够落地实现,强调品牌和用户体验的融合,用服务蓝图设计推动组织的改变。

5.1.1　好体验 ≠ 感觉好,体验是使命、愿景和价值观的传达

好体验不等于让用户感觉好,而是你要想清楚你希望用户感觉到什么东西。所以企业必须想好使命、愿景、价值观,你交付的东西是什么,而不是一味地迎合用户的需求。

常去星巴克的同学会觉得,星巴克的员工并不十分热情,更别说海底捞式的体贴贴心。一次在星巴克,我曾见一位带着 2 位熊孩子的母亲,因为熊孩子打翻咖啡杯,饮料洒了一地,她一边大叫"服务员!"一边跑到前台去斥责没人拿抹布过来。前台的女生对着气势汹汹的顾客似乎并不乐见,但也并不显于神色,只是一脸懵懂地回道:"我不知道你在叫谁?我们这儿没有服务员,只有咖啡师。"

那位妈妈明显觉得自己掉价,但还是嘴硬:"你这种服务态度,是不想开门了吗?"

女孩微微一笑说:"请便。"

我十分佩服那位姑娘,有理有节,不过失礼,但也绝不刻意讨好顾客,而是和你平起平坐,这其实就是企业文化的体现。

星巴克中国区人力资源副总裁余华曾说过,企业内部从来不称呼"店员"或"员工",而是称"伙伴"(partner),就是想让每个人之间彼此尊重。

这种人性文化,也许就是咖啡师们不太热情,却又恰如其分的原因。

但星巴克也不是一味不热情,他们只是不故作热情。换个场景,在上海兴业太古汇的星巴克甄选咖啡烘焙工坊里,星巴克的员工们不仅会主动跟你打招呼、介绍咖啡,还会主动问你是否需要一起合影,并且在名牌上写上名字和自己的家乡,给大家更多打招呼的理由。

所以,体验是使命、愿景、价值观的呈现,并不仅仅是迎合用户的需求。

体验设计公司都讲要让顾客体验好,可是服务设计却是讲要让用户深入组织去了解组织到底要交付什么样的体验,而不是仅仅要让用户感觉好。**体验是表,服务设计是由表及里**(见图5-1)。

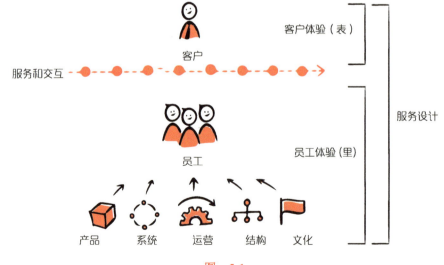

图 5-1

5.1.2 服务设计关注从前台到中后台的设计

从品牌价值到员工体验，再到用户体验最终回到品牌体验。

这只是服务设计的一部分。服务设计更关注如何通过调整中后台，实现前台体验升级，充分展现品牌力量。有时这种力量可以救企业于水火之中，让其在危机中获得新生。

2020 年的一场新冠肺炎疫情对实体经济造成了巨大冲击，整个餐饮行业更是哀鸿遍野，即使著名如海底捞、西贝莜面村这类大型餐饮企业，也在巨大压力之下贸然做出涨价的"昏招"。然而就在同期，一家名为眉州东坡的餐饮企业登上了《新闻联播》。央视以《一家餐饮企业的"疫中新生"》为题对它做了时长超过 5 分钟的报道。

眉州东坡到底做了什么，使得《新闻联播》愿意用如此大的篇幅报道这家餐饮公司？总结来说就是两件事：

1. 前台服务紧跟用户的需求变化

疫情期间，眉州东坡各门店开启平价菜站处理库存蔬菜的模式，并应浦发银行要求为他们的贵宾用户送货上门，看到此模式颇受欢迎后，眉州东坡推出了菜站小程序，推出后一连几天的营业额每天都在翻番，日销售突破 5000 单，菜站的成功让其从销库存转变为发展独立业务线。

疫情期间，用户还是需要吃饭，只是消费场景的变化给用户带来了挑战，也由此衍生了新的需求。眉州东坡正是很好地把握了需求变化，用产品和服务的创新满足用户的需求。

2. 中后台运营创新适配企业变革

当物美和每日优鲜找眉州东坡提出"共享"服务员做包装工人的

需求时，眉州东坡给出了不同的"共享"提案：让物美和每日优鲜将原材料发货到眉州东坡，让员工在自己的车间为其包装。表面上与"共享员工"比，只是工作地点的不同，但实际上，这是两种截然不同的模式。

在眉州东坡提出的模式中：

（1）物美和每日优鲜变成了自己的客户，后勤保障部队转变成作战部队，为自己开辟了第二业务来源。而且本身传统的线下企业也在线上零售价值链中拥有了自己的位置。

（2）危机状况下保留住了员工，提升了团队的凝聚力与战斗力，为开辟线上战场锻炼了队伍。

（3）助力眉州东坡与线上零售平台达成强而有力的伙伴关系。

眉州东坡在疫情期间所做的这两件事体现了他们对前中后台的全局化思考，就像眉州东坡总裁梁棣所说"这次疫情也帮助我想清楚了眉州东坡未来的发展思路，在大的思路框架下，餐饮公司的门店、物流供应链、中央厨房、农业公司、互联网菜站，已经可以交织在一起了。它真的是把线上线下结合在一起。我甚至觉得它会对餐饮行业的整个商业逻辑进行一次重构，真正实现餐饮零售化、零售餐饮化。"

所以，只有基于企业整体生态环境的思考，才能产出最适合企业的业务创新。表面上看，各种创新概念很像是"点状突破"，很多人觉得创新就是想点子，但实际上支持点状创新突破的一定是对企业内部能力和外部环境整体评估的系统化思考，这也是服务设计的意义和价值。

在疫情中受到影响的还有汽车行业，其实在疫情之前汽车行业年底销量数据已经显示了中国汽车市场的至暗时刻。汽车品牌如何用自己的品牌体验让自己在诸多竞品中杀出血路？

要想在变化的环境中破局，就要以品牌为基点，从用户出发，劈开业务部门的职能割裂，让业务部门因为用户需求有机地统一。因此必须打破中后台的部门壁垒，融合、重组，以形成好的用户体验，乃至通过共创取得共识，让执行效率更高。

试想下，汽车厂商如果不再将自己定义为制造商，而是一家出行服务提供商，乃至演变成一家俱乐部，那么会需要怎样的新部门来支撑这个新使命？原来的部门需要如何重构？又有哪些部门会消失？原来庞大的研发部、生产部、市场部和销售团队，哪些还会存在？

这些不是设计师该想的？

你错了！

这些或许不是产品设计师、体验设计师的目标，但服务设计师必须考虑这些问题，否则，整个设计将流于形式，无法完整实现，准确传达（见图5-2）！

从单一岗位到综合能力

用户体验职位	服务设计师
交互设计	全链路、全角色的梳理能力
视觉设计	数据分析能力
用户研究	跨界知识认知能力
	跨界技能能力

图 5-2

我们曾受邀为汽车4S店提供创新咨询服务，帮助提升用户买车体验。我们带领34个跨店经理进行用户研究，系统梳理用户体验旅程，引导客户团队进行概念共创，最终将二次到店率提升14%，在店逗留时间平均增加7分钟，老客户推荐率提升15%。

5.1.3 什么是前、中、后台

任何产业都有前中后台，在金融、医疗，以及互联网等链条比较长的产业中，中后台是一个大家更为熟知的场景。然而，在这个数字世界和物理世界模糊边界、逐渐融合的时代，以用户为中心的前台需求，把敏捷反馈、迅速迭代、扁平化组织等中后台问题也都抛到大众眼前，被用户评头论足。

前中后台是一个极其复杂的组织问题，其本身定义和设置不在本书探讨范围内，此处仅作简单的基本概念介绍和场景统一，方便后文展开。

前台是指离客户最近的部门，核心能力是能深刻洞察市场和客户行为，为客户的产品创新和精细化运营服务。在星巴克、麦当劳，前台便是店里接待的服务生；在医院体系中，前台便是医生和护士；在阿里腾讯京东，前台就是我们的手机界面。

中台是指为前台业务运营提供专业的共享平台，其核心能力是专业化、系统化、组件化、开放化。在麦当劳，中台就是厨师、清洁工、店长；在医院，中台就是病历管理系统；而在互联网公司，中台就是他们的主管业务的各大事业部。

后台提供基础设施建设、服务支持与风险管控。星巴克的后台即包括各区域总部、全球总部的 HR、采购、运营、营销支持；院长办公室、卫生消毒、医废处理等，是医院的后台；而基础研究、云服务、战略指引便是互联网公司的后台。

如果拿剧场做一个比喻，那么我们在剧场看到的表演是前台；负责融资搭台，让这出戏能够顺利演出的是中台；导演则是在幕后操控一切的大后台，他负责整个剧的调性、风格、人员安排、服化道标准，不同预算场景下的最高艺术水准体现。

5.1.4 那些失落的网红品牌大都缺乏扎实的中后台

任何前台服务都是由中台业务部门和后台支持部门来支撑的，可以说，没有中后台，仅凭前台的个人之力，是无法提供符合公司品牌调性、高标准的整齐划一的产品和服务的。

前几年爆红的网红品牌、网红产品，如黄太吉、雕爷牛腩、伏牛堂、西少爷肉夹馍、丧茶……到如今，你还记得几个？或者，还有几家在你的日常选择中？

这些网红品牌刚开始无不以令人咋舌的体验而获得病毒式的传播效果，黄太吉开奔驰送煎饼、美女老板娘、外星人大会等，一时红遍微博迅速蹿红。然而，他们各有各的问题，有的产品太差，有的战略不清，更多的是眼高手低，从营销上获取流量，取得表面上的成功之后，中后台产品质量和服务体系没跟上，最终都将是黄粱一梦。

黄太吉几番战略更替、模式迭代，历经连锁、多品牌、外卖平台、加盟商等多个模式后，重新回归最初的连锁模式。他们做外卖平台的时候，希望摆脱轻公司的形象，为提高管控能力，自建外卖派送团队，自建中央厨房。但是，高昂的成本却被摊派到入驻的品牌身上：品牌商每单被抽成高达40%～50%，商家还要自行对C端消费者进行补贴。⊖

相比之下，美团、饿了么、百度提成只有15%～30%，这些大品牌毫无疑问是更好的选择。

事实证明，用户依旧在消费网红产品，只是现在的网红早已经从黄太吉换成了喜茶，谁又知道今后会是谁？

⊖ 胡笑红.黄太吉外卖工厂店大量关店 商户称抽成高达50%压力大[N].京华时报，[2016-09-28].

营销出位是个好机遇，但只有中后台有足够的准备和承接，品牌才能真正长青。这点有些像男女生谈朋友，一见倾心是表，但如果肚里无货只是绣花枕头一包草，这场恋爱终归是进行不下去的，更别说谈婚论嫁了。曾经的网红品牌，都是在爆红之后，发现内功不够，重新回炉，潜心修行，关注中后台建设，期待一日东山再起。

5.1.5 中后台才是造成前台差异的核心原因

相比看得见的前台体验，设计客户体验、设计员工体验、营造物理和心理环境、组织前中后台的再设计，这些是老板不愿意花钱又常被忽略的领域。

然而，我们认为，中后台作为隐形的力量、幕后的英雄，是每一家企业能够顺利运转的坚实基础。由表及里的设计组织，才是长久之道，才是让所谓的服务亮点落地生根之源。

我们帮助一家互联网教育的领军企业做服务诊断项目时，发现他们正处于快速扩张期，用户数量指数级上升，但中后台运营和支持部门的应对和管理模式并没有与之适配，面对海量用户的需求，内部团队靠打补丁的方式修复，自然一直处于措手不及的状态，投诉数量居高不下。

在该项目中，我们帮助这家企业梳理了服务蓝图，从用户视角出发，不仅看外部客户端，也看内部运营服务端，通过前中后台深入了解问题，让企业意识到内部对外响应机制方面亟待优化的地方，并确定问题的优先级，为合理配置内部资源和建立合理的管理响应机制提供科学依据。

服务设计这门学科之所以是一门交叉学科，是因为它融合了管理和设计，营销和实践，心理学和组织动力学。它不仅以用户为中心设计体验，更以人为中心设计组织，让组织可以系统、自发地传递美好的服务，印证品牌理念。

端到端的用户体验和由表及里的组织变革如同飞机的双翼，双翼齐飞，才能真正推动产业革命，让创新迎风飞扬。尤其是在线上线下融合，彼此沟通互联的时代，中后台若不根据前台体验整体性的要求，打破旧有的部门壁垒，融合和创新，企业很可能会被时代淘汰（见图5-3）。

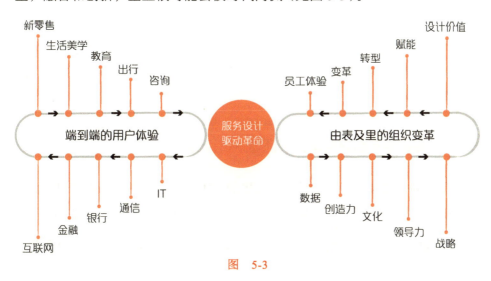

图 5-3

拿如今已然改变我们生活的电商做个类比，淘宝、京东、拼多多、唯品会在售卖类目和营销模式上或有区分，前端售卖形式却大同小异，难以拉开竞争优势，但其实每一家整合后端的服务能力都有所不同。

只有在电商平台、物流、供应链、运力、配送之间产生协同，构建更为底层的差异化服务，为前端输送服务养料，才能在整个电商链路上形成竞争能力。如京东的211限时达、亚马逊（Amazon）的海外直运，都是因为后端具有强大实力，给用户提供了服务承诺，才能在电商平台取得明显的竞争优势。

随着用户在线上线下体验的融合，整合用户需求链，将人与环境、行为、物料，界面等相互融合的同时，以人为本的理念也被贯穿于始终。然而，越是以人为本，用户越是挑剔，每解决一个实际问题就下潜的越深，成本也会越来越高。冰山理论中深海下的部分最棘手，要求设计师具有更广阔的视野，设计思维、跨领域能力、服务设计的实战技巧也就成为他们不可须臾或缺的基本技能了。

可以说，没有中后台的支持，前台体验提升要么后继乏力，要么就会成为无源之水，用宫斗剧里的典型场景做个对比，如果皇帝的后宫作妖，那么前朝基本上也不太可能太平。这也是宫斗剧为什么这么惊心动魄、吸引男女老幼的原因之一。

5.1.6 好的中后台服务设计可创造千亿价值

华为的行政部门，一个常规认知里的成本部门，为华为成功实现了价值千亿的资产挖潜，得到任正非的高度肯定。那么他们具体是怎么做的呢？

华为的前行政服务管理总裁姜晓梅向我们透露："和很多中大型企业一样，华为的固定资产是由行政团队负责维护。一般大型固定资产都有折旧年限规定，例如电梯是按10年摊销折旧，而华为可以将运维管理做到极致，使得资产的实际使用寿命远超折旧年限，实现资产挖潜。"

华为与供应商签订合同时，会加入一套个性化企业服务标准，将原先晦涩的技术指标链接到员工可切实感知的体验指标，比如"电梯故障后2小时内响应"，这样，供应商的服务和行政团队为员工提供的服务将可以保持一致。

得益于这样的标准，华为几乎不会因为停电梯、停电、停水这种事干扰到员工工作，设备使用寿命因此延长，服务运维在无形中使资产得到增值。

各业务部门的资产挖潜叠加统计后发现总价近千亿，华为将这样的增值细化到每个人发的年终奖里，从而清晰可见有多少收益是由行政部门资产挖潜创造的，而这也变成了一种深入人心的文化，大家意识到了传统意义上的成本部门在经过精心服务设计后亦可创造不容小觑的价值。这就是华为能够实现价值千亿的资产挖潜的秘密。

华为的资产挖潜绝非空穴来风，姜晓梅本人一向很重视内部管理的服务设计，她偶然得知我把服务设计引入了中国，觉得这件事非常有意义，还特意从深圳飞往上海，参加了服务设计领军班的学习。

对此，她的评价是："真的特别受益。感觉把我曾在华为那么多年所做的服务都串了起来。服务设计就是顶层思维，它不只是设计，不只是做出一个旅程图，最重要的是拥有战略级的思考模式。"

正是姜晓梅这份对服务设计的重视，让华为的行政部门创造了普通人意想不到的价值。

5.2 打破割裂，赋能组织随需而动

2019年初，新东方年会上流传出的现象级吐槽歌曲，不仅揭示了新东方诸多内幕，更直勾勾地暴露了组织孤岛、业务割裂、众人各扫门前雪等问题，最终导致用户体验不仅割裂，而且奇差。

- 业务孤岛带来的问题："家长报名五个科目，有五个助教跟着，信息收集五遍，家长要炸锅"；"办理一个续班有十个入口，用户不知该往哪里走，哪里交钱才能报名成功"。

- 专业领域断层："小程序做了几个，就连App也没放过，做完就完也不关心结果"。

- 组织层级太多，信息流通断层：遇到问题，工作流程是"董事长问总裁，总裁问校长，校长问总监，总监问经理，经理问主管，主管问专员，专员还要问兼职"。

一个学生报了 5 门课有 5 个助教，这在体系内的学校里，成绩可能需要分头收集，但班主任绝对是最清楚学生状况的那个人。但培训机构则完全是另外一个场景：一般的，企业产品线丰富了以后，就会有不同的事业部来主管不同课程，每个事业部各自负责自己产品，有自己的 KPI，而且大家相互不干扰。这就导致了在用户眼中看来非常荒诞的业务孤岛问题。

靠大量营销起家的初创企业开始都是轻公司，中后台尚未成熟，如何锻造一个有创造力的高效组织是个问题，但在一些上规模的成熟企业重公司，组织割裂就成为一个不容忽视的问题。

各行各业都有类似现象。在品牌推广中，线上线下的推广政策不同的问题，哪怕是在双十一已经 10 周年之际，仍然没有完全解决。今年 2 月 14 日情人节，我们同事拿着演员朱一龙的情人节冰激凌花束海报跑去肯德基，想要一束海报中的冰激凌花束，拿来和同事们分享，殊不知，这只是部分甜品店的活动，一般门店根本查不到这个活动信息。打破部门壁垒，去融合和重组，去共创，打造共识的重要性，由此可见一斑。在大家意见达成一致之后，执行效率更高，才能打造更好的用户体验。

5.2.1 割裂的组织，工业时代的后遗症

100 年前，亨利·福特发明了世界上第一条生产线，其背后的原理是，把一个复杂过程切细，每位工人专攻一个环节。这条流水线使每辆 T 型汽车的组装时间由原来的 12 小时 28 分钟缩短至 90 分钟，生产效率提高了 8 倍！⊖

此后，汽车行业，乃至整个工业时代都奉专业分工为圭臬，组织架构的权责也日渐分明。而汽车作为早期大工业的代表，其组织形式最终影响了几乎所有行业，专业分工成为工业时代组织的典型特征。

然而，割裂一旦形成，权责一旦分明，各种类别的 KPI 评估指标就会引导员工只关注自己能不能获得高绩效，而将前面如何连接，后面如何衔接等问题置之不顾。这就导致了分段式体验：市场部只管吸引用户，销售部只管拉拢用户，业务部只管服务用户，客服部只管善后。

在积极正面的场景中，这种安排尚可能引起体验割裂，新东方就是典型。一旦碰到问题，绝大部分用户应该都体验过投诉无门的绝望，各大部门相互踢皮球，最终不了了之。

顾客是极为敏感的，而且极易记住那些影响深远的时刻，特别是让他感受不好的时刻。

⊖ 百度百科：福特生产流水线。

5.2.2 打破部门墙,融合线上线下

2019年,我们早已从工业时代进入数字时代,现在正迈向智能时代,用户驱动成为企业界和创新创业届公认的标准,割裂的中后台组织架构设置既造成了用户体验的割裂,又不利于管理。是时候打破部门墙,重新思考企业中后台的组织架构设置,为前台的线上线下体验融合奠定组织基础了。

阿里巴巴近几年一直都在推广新零售,其中不乏成功案例。其中,国产护肤品品牌林清轩在这波新零售运动中颇有收获。然而,探究其背后原因,就是因为创始人孙春来敢于投入。孙春来不仅单独成立新零售部,外聘新零售总监,还在线下销售部和电子商务部针芒相对的时候,直接把公司客户关系管理(customer relationship management,CRM)部门划归新零售部,让新零售部"挟数据以令诸侯",让所有部门必须以新零售部为轴心运转。⊖

而在林清轩正式投入新零售之前,新零售部还只是品牌营销中心旗下的一个小部门,并不属于总经理的直接管辖范围内。在推广新零售的这个特殊时期,公司公开授予新零售部特殊的权力,所有关于新零售的运作都听命于新零售部门的统筹。

林清轩对中后台的整合不止于此,他们还赋权线下导购,如果顾客在线上购买了林清轩产品,线下导购和电商客服一样,均可以拿到100%的提成。这相当于提成翻倍,直接减少了公司利润。但是,因为利益分割清晰,线下导购不再纠结导流以及和线上同事扯皮,把全部精力投入服务顾客,并为公司吸引新客,生产力和效率得到了极大的提升。

政策开始实施之后,林清轩400家线下门店每天平均新增8720个粉丝,两个星期增加了16.8万个粉丝,销售额也获得了成倍的成长。

所以说,优化触点从来都不只是前台的事,只有中后台给予了足够的支持,不相互踢皮球,也不相互争利益,才能保证前台有完美的用户体验。为此,服务设计不仅关注触点、用户,更关注品牌,关注支持所有体验实现的中台和后台。

在这里再给大家举一个地产的案例。华润万象城不但有购物商场,还有写字楼。但在运营过程中,他们也面临诸多挑战,例如怎样的写字楼服务可以提升租户体验?这些好的服务又如何才能真正得到落实,并且让各地、各部门的团队都能顺畅地执行?

面对这个挑战,我们以写字楼服务设计为主线,不仅为华润提供了服务

⊖ 葛伟炜.林清轩:赶超国际大牌,底气何来[J].商业评论,2018.

创新概念库，更产出了指导手册与工具包的方法论，形成了一套系统的、匹配租户需求的写字楼服务标准，让各地、各部门的员工都能直接使用。

这不仅打通了部门墙，更打通了地域墙，让大体量的企业也能够跨越地域广、部门多的阻碍，自上而下地形成合力，提供最好的前台服务。华润大区写字楼管理部负责人如是评价："条理清晰，对在建项目的办公楼增值空间操盘策略有很大帮助。"

只有搭建出直观的前中后台体系，并且标准化、系统化地落实到客户旅程中的各个环节，将服务无缝衔接地整体呈现在前台，才能带给客户流畅的体验。

5.2.3 赋能组织，让员工自发创新

2017《德勤全球人力资本趋势报告》显示，88%的高管们将创建未来的组织视为HR部门最重要的挑战。未来组织将从传统的结构化层级组织转变为高授权的网状扁平组织。灵活性、创新性势必会在未来组织中扮演主要角色。

公司最重要的工作已经转变为设计未来组织，以适应智能时代。

那么，未来组织长什么样？目前而言，未来组织尚且只是一个概念，没有人知道未来组织长什么样，如何实现未来组织。

但是，这并不妨碍我们用培训、共创去赋能、去尝试、去寻找突破口（见图5-4）。让好的概念变成标准化流程，让好的体验不断循环，形成文化，促使好的行为再次发生。这或许可以成为人们期待中的未来组织。

组织创新的六大条件

- 必须有创新文化

员工赋能的进化矩阵

进化的层级	学习者	教师	教学关系	组织	系统治理
1.0 以权威和输入为中心	被动接受	权威	下载 + 告知	中心化、封闭的	机械型官僚、没有反馈循环
2.0 以结果和测试为中心	死背硬记	专家	测试	去中心化、半封闭的	专业型官僚、慢速反馈循环
3.0 以学习者和学生为中心	探索问题	引导师	对话	网络化、开放的	学习型系统、机构型反馈循环
4.0 以共创和创新为中心	共同感知共同塑造未来	助产士生成式教练	共创	生态系统、真正开源的	创新生态、永久性反馈循环

图 5-4

- 需要组织高层的重视、授权和投入
- 必须有创新的人才和团队
- 创新需要方法论
- 创新需要宽松的物理空间
- 必须有创新的社会环境

组织创新的六大条件中,前三条都和人有关,组织想要最大化地撬动切实可行的创新,需要不同类型的人的协同共创。如果把组织比作拯救宇宙的战队,那么我们需要如下几种超级英雄(见图5-5):

图 5-5

- 创意者(超能力):脑回路清奇,总能从与众不同的视角构想百变创意,营造出天马行空的战斗场景,将怪兽一击即溃。
- 设计者(超级装备):擅长运用专业的创新超能力工具,熟知创意的商品化过程。结合装备的超能力者战斗力爆表。

- 制造者（超级资源）：把"产能资源"摇身变成"智造价值"帮助概念成真。

- 定义者（超级大脑）：善于带领一群超级英雄排出打怪优先级，直击问题要害。

- 利用者（有眼光）：能将其他超能力为自己所用，重新组合出新的成果和效益，成为超能英雄集合体。

- 创新者（有胆量）：善于挑战最强怪兽，不按常理出招，巧用自身优势，提升企业品牌溢价。

- 学习者（有理论）：善于总结战斗经验，结集成册，分享共勉。

- 协作者（有路子）：总能请来各路同盟协调发挥出各自超能力优势，并促进价值变现，形成英雄联盟。

以上几类人是从不同角度助力组织创新的服务设计人才。人才兴，组织方能兴。如果你想精进服务设计方面的能力，你可以：

（1）到高校深造。至今，中国境内已有31家院校开设了服务设计专业。比如同济大学设计创意学院在2008年就联合米兰理工大学一起设立了产品服务体系设计双硕士学位。如果有充足的资源和实力，还可以考虑国外的院校，如英国皇家艺术学院、美国帕森斯设计学院、伦敦艺术大学等。

（2）实践出真知。服务设计与其他研究性学科不同，它不能光提理论没有案例，因为服务设计不仅是学术，更是真刀真枪的实践真知。

中国市场的服务设计虽然起步较晚，但已有像桥中一样专业的服务设计咨询公司，设立相关咨询业务以及开设结合中国本土商业环境的实践性课程。

（3）申请服务设计人才资质。桥中在北京光华设计发展基金会的支持下，联合全球服务设计联盟上海站携手发起了服务设计人才资质认证。该认证分为五级，从一级到五级的通关过程就是从服务设计入门到资深教练的升级过程（见图5-6）。详情可登录服务设计人才资质网站进行了解：http://chinaservicedesigner.com/。

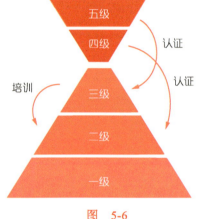

图 5-6

5.2.4 瀚蓝环境用服务设计连点成线及面，打造创新型组织

瀚蓝环境（后文简称瀚蓝）是总部设在中国广东佛山的环保公司，他们的主营业务是自来水供应、污水处理、固废处理和燃气供应。这家2000年就上市的国有企业技术实力雄厚，运营管理能力处于行业前列，2017年公司营收达到42亿元，利润和营收长期保持两位数成长。2007年至今，公司股票连续入选上证公司治理指数样本股。

管理团队很有理想，但努力成为有责任、有情怀、有灵魂的国有企业这条路并不容易。

1. 自上而下的组织 VS. 自下而上的动力

很多大企业、大组织都是自上而下，强调权威性，大一统的风格。瀚蓝管理团队对此持保留意见，"这些不是不对，都对，这是一种保证组织有效运转的基本前提。"然而当企业走到一定阶段，需要组织内部进行快速迭代、创新的时候，企业必然会聚焦于创新种子的耕耘和播撒。传统的组织管理体系、绩效管理系统、激励机制，根本不足以驱动他们。以往的创新更多集中在管理团队，但到后来一定是靠自下而上的内生创新基因来实现企业创新。

在瀚蓝看来，未来企业的成功之道，是聚集一群聪明的创意精英，创造一个创新氛围的场域，激活和释放想象力。

然而，如何让员工感知公司的情怀与使命？如何让揣着铁饭碗的员工迸发由内而外的动力和创造力？如何推动有活力的创新型组织形成，并落地成为公司制度？

瀚蓝的小伙伴们现在最需要的不是管理和绩效考评，而是赋能，给他们提供更高效创造的环境和工具。一个偶然的机会，公司总裁金铎接触到服务设计，她认为如果把这样的方式引入企业创新管理，也许可以为企业激发更多的创新动力。

2. 由点到线及面，用服务设计搭建创新型组织

为了用服务设计赋能组织，锤炼公司的创新文化，瀚蓝找到了桥中。

最初，我们围绕四大核心能力为员工赋能：

- 全脑思考型解决问题的能力。

- 场景化定义问题的能力，怎样定义场景。

- 基于同理心的洞察力，怎样基于同理心去了解用户的需求。

- 视觉化的表现能力。

然而，一次共创，虽然被瀚蓝称之为点燃了星星之火，但显然不足以推动整个组织向积极方向拓展。

继而选用突破口政策，在各个部门的员工中挑选"创意新星"。通过向创意新星们系统地传输服务设计的理念、工作方法和工具使用方法，推动新

星们创新意识的觉醒。

分散在各个部门的创意新星还只是点和线，创新需要形成制度，持续推广，继而落地成文化。为此，我们发动创意新星们探索内部创新系统，设立创新机制，促使他们把服务设计运用到系统创新和项目创新中去。

正是这个由创意新星们搭建的创新系统，为全员创新提供了平台，发动不同部门的更多参与者加入这个创新平台，持续10多轮共创，推动全员以用户为中心，从品牌、宣传、业务整合，到内部沟通体制、奖惩体系等多维度沟通，设计了20多个概念（见图5-7）。

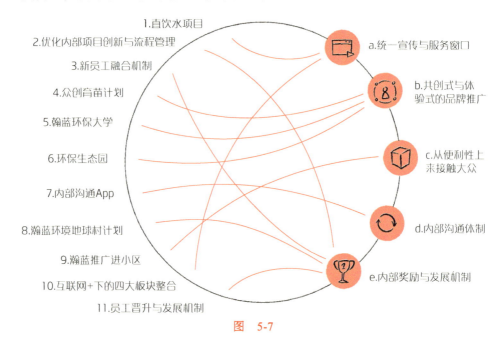

图 5-7

3. 自下而上打造领导力魔盒

"太棒了！服务设计帮助我们打开了领导力的魔盒，让员工真正参与到运营决策中。"瀚蓝管理层骄傲地表示（见图5-8）。

图 5-8

瀚蓝的管理层懂得居安思危，他们感知到周遭的威胁和压力，以及企业未来发展的艰辛，但并不打算采取强压的方式让员工去执行，而是通过引入外界资源，构建虚拟场景，让员工去直面公司和行业现在所面临的问题和困境，构思公司的出路。

员工最初并不是特别了解管理团队的想法，但经历了前后 2 年多时间的沟通、互动、共创，亲自参与并见证自己的概念落地后，大家都对公司未来有了更明确的方案和想法。"参与的过程可能很快乐，可能很困惑，但是参与之后，对结果才有更强的责任感。"参与者们都无比认同这两年他们经历过的这些培训、共创和磨炼。

事实上，现在是一个现代知识型员工为主的时代，组织经历了从传播创新的种子到遴选创意新星到组建创新组织，每位员工都直面企业，乃至整个行业面临的挑战，绝大多数员工都能跳出自己原来的部门窠臼，真正站在用户的角度去思考，去寻找解决方案，而不是只关注自己的 KPI 和眼前的一亩三分地。让组织更创新、更有动力（见图 5-9）。

瀚蓝很早就意识到，作为一家拥有自来水供应、污水处理、固废处理、燃气供应等多项环保业务的公司，光靠"B2G"（对政府）是远远不够的，他们必须"B2C2G",与之息息相关的周围居民也是他们必须和谐共存的群体。瀚蓝就是通过举办一系列的社区活动,和建设代表行业新方向的环保主题公园,让周围居民主动与瀚蓝和谐相处,共同发展。

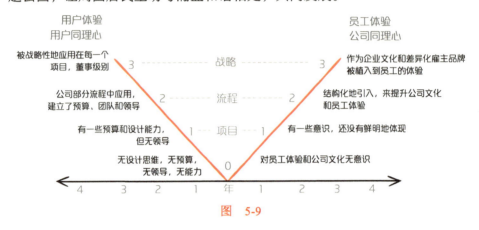

图 5-9

"我们的创新一定是发生在一个好的创新氛围里面,这就是我们的创新文化。而这种创新文化是包容、分享、公开透明、相互尊重的,只有在这样的基础上,创新才有可能发生。这种文化所带来的企业活力和能量是不可想象的。"瀚蓝坚信服务设计带来的企业文化变革和创新文化的作用十分重要。

瀚蓝环境的案例就是服务设计从分离到外围到中心,最终融入企业文化,为企业成长助力的典型案例。制度可以很好地管理人,然而赋能人,孕育内生文化,让员工能够自己主动思考,去处理所有可能发生的问题,才是真正赋能组织,让其成为真正有活力的创新型机构。

自下而上长出来的力量才是真正的力量。

5.2.5　员工体验支撑用户体验

组织赋能是员工体验中非常重要一部分。

员工体验顾名思义，是指员工对企业所提供的所有支持和运营系统的感受和评估，最直观的，即为 HR 领域的薪酬福利、办公环境等可量化设施。但在移动互联网时代，员工体验更多涉及员工和企业的关系，员工和他们所服务的客户 / 用户的关系等软性感知。

真正让员工体验走上前台的，是爱彼迎任命的员工体验全球负责人（global head of employee experience）马克·利维（Mark Levy）。

一家员工体验好的公司，员工更乐意、也更能发自内心地提供好的服务。好的服务提升客户满意度，进而提升客户忠诚度，推动利润增长。所以，员工体验在以用户为中心的智能时代尤其重要（见图 5-10）。

图 5-10

《哈佛商业评论》曾发布数据称，员工满意度提高 5%，客户满意度提高 1.3%，公司收入提高 0.5%。渣打银行数据也显示，员工体验上升的分支机构比其他机构多盈利 16%。IBM 发现，他们的客户体验得分中，2/3 的分数与员工相关。如果 IBM 能将客户满意度提高 5 个点，收入就会平均增长 20%（见图 5-11）。

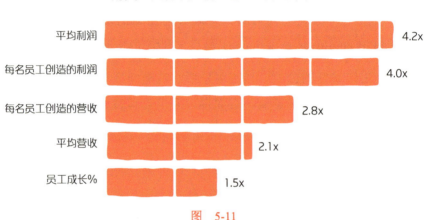

图 5-11

1. 那些最酷的公司都关注员工体验

这也是为什么我们总看到当今世界上最大、市值最高的几家科技公司总是在努力向外界宣传，自己是一家员工体验极佳的公司。

谷歌员工享有各式各样的健康服务和内部孵化项目，绩效考核以目标和关键成果法（objectives and key results，即 OKR）为基础。为了消除性别差距，公司通过衡量工作成效来支付薪水，而不是根据他/她之前的薪水。谷歌公司设置了十几个让你意想不到的职位，比如舞蹈健身经理、托儿中心学前教师、按摩治疗师、人体工程学专家、体型项目经理等。

Salesforce⊖关注员工健康，在美国加州新办公楼的每一层都设立了冥想

⊖ 一家客户关系管理软件服务提供商，总部设于美国旧金山，2004 年 6 月在纽约证券交易所成功上市，股票代号 CRM。

区。为鼓励员工做义工，公司为他们提供每年 7 天的带薪假期作为志愿日。

脸书更是充分给予所有员工参与重大项目的机会和自由，连实习生都有机会参加，同时还给所有员工长达 4 个月的带薪育儿假。

亚马逊为员工提供企业内部培训项目，并为此支付最多 95% 的学费，并为女员工设立工程师培训项目。

而在推特，联合创始人杰克·多西（Jack Dorsey）2015 年担任 CEO 之后，将自己手中 1/3 的股份都赠予员工了。

2. 员工体验更侧重使命、愿景、价值观

同样的，关注员工体验不等于要让员工体验好，而是我们希望让员工具体体验什么样的使命、愿景和价值观，组织需要针对性地去设计和传递这样的使命、愿景和价值观。

在迪士尼乐园，所有工作人员都叫演艺人员；在苹果专卖店，有一部分店员是天才（genius）；在星巴克，从 CEO 到普通店员，都彼此称呼伙伴，对除门店以外的其他公司部门，则一概统称星巴克支持中心。

这是这些企业员工体验的一部分，更是传达了其品牌希望各自传达的尊重、创意、平等、友好等概念。如果没有这些价值观和品牌理念为基础，这些称呼就会显得无比做作、不合时宜。

星巴克的品牌理念决定了他们的员工体验，而员工的反馈传达了品牌体验，也决定了他们的用户体验。

2019 年初，顺丰豪掷 1 亿元为员工添置价值 2099 元 / 件的工作服，一时间刷爆微信朋友圈。但促使大家转发的，并不完全因为顺丰是个真土豪，而是因为顺丰对员工的尊重和重视。

早两年，一则顺丰快递小哥因为蹭到私家车被暴打的新闻传出时，顺丰快递创始人王卫第一时间站出来为素未谋面的一线员工出头，发朋友圈表示："我王卫向着所有的朋友声明，如果这件事我不追究到底，我不再配做顺丰总裁！"顺丰官方微博也当即表示会保护好"这个孩子"。同样是快递员出身的王卫知道，一线快递员是支撑顺丰的基础，是顺丰集团真正的核心资产。

王卫甚至还表示，顺丰的管理体系只是企业管理的外功，没有心法，企业终究走不远。顺丰的四大心法⊖是：

- 有爱心，与员工有同理心。
- 有舍心，与员工慷慨分享。
- 有狠心，出于爱与舍对员工严格要求。
- 有恒心，长期坚持这样做下去。

这四大心法，加上每月 1.5 万元的工资，再配合对一线员工风里来雨里去的关心和体贴，成就了极致的员工体验，也因此最终成功支撑起了顺丰中国物流行业第一品牌的用户体验、价值和高达千亿元的市值。

好的员工体验和好的客户体验一样，都不是一日形成的。客户体验可能还有一时爽，员工体验却是日积月累，分时间、分步骤、有方法、有策略、有目标，需要诸多细节支持。

仅仅是员工体验好，如果不辅以合理的组织形式和组织动能，再好的员工体验都将流于形式，不能为组织赋能，将个人力量转换为组织的力量，更不能协调前台服务体验。

⊖ 参见财经泛读.顺丰王卫的管理"四心法"：爱心，舍心，狠心，恒心[Z/OL].（2018-06-14）.https://baijiahao.baidu.com/s?id=1603235592867490832&wfr=spider&for=pc.

所有的员工体验，都是基于组织的核心使命，如果做不到这一点，再天花乱坠也都是虚妄。

开巴参加过很多啤酒文化活动，也参加过不少慈善捐赠活动。我们将每年店庆当天的营业额捐赠出去，设立了"开巴图书馆计划"，在贫困地区建起了三间小学图书馆。每次要去现场捐赠，我都会尽量回避，让开巴的员工们去。

本意是想将其作为公司的团建活动之一，不想，孩子们的喜悦引发了员工由衷的责任感和自豪感，让员工们从另一个维度感受到了公司文化。配合内涵丰富的啤酒文化活动，员工的体验和觉悟都得到升华，更愿意把自己融入开巴文化，甚至主动参与塑造开巴文化。

关于员工体验，和客户体验一样，我们要设计关键时刻而不是所有时刻（见图 5-12）：

- 客户体验：付款（I pay）/ 参与（I join）/ 我需要帮助（I need help）
- 员工体验：入职（when I join）/ 成长（when I learn）/ 升迁、离职（when I move）……

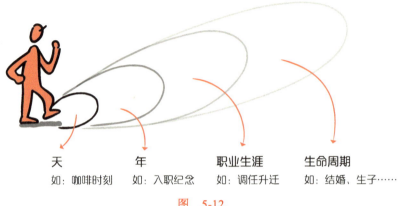

图 5-12

在第 5 章的 5.1.5 小节，桥中提到用户体验和组织变革如同飞机的双翼，需要双翼齐飞才能实现创新。员工体验与用户体验的关系也是如此，只有两翼都强，才能振翅高飞（见图 5-13）。

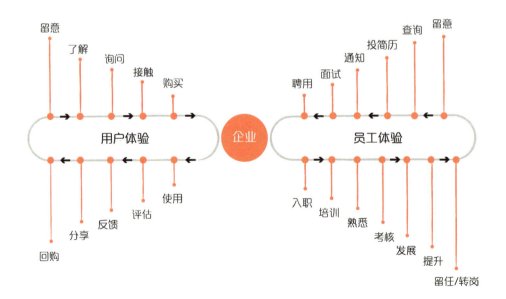

图 5-13

5.2.6 用制度约束员工，用文化赋能员工

当今发展最快、最有影响力的公司，他们都是：

- 目标驱动，而非利润驱动。
- 开放，互联，协作。
- 聚焦、理解他们的客户。
- 通过不懈地迭代原型降低风险。
- 关注好的公司文化的建立。
- 不排斥未知的东西。

然而，思维的转变并非一朝一夕，文化的转变受到很多因素影响。从上到下，员工需要系统的知识、技能和动力去改变。更多时候，我们需要创造机会，让自下而上的内生力量来推动组织的改变。如前文提到的瀚蓝环境就是这样的经典案例。

自下而上的内生力量还有另外一个好处，你可以自主选择你希望达到哪个层面的效果，是战略、系统，还是服务水平层面的？不同级别的变革目标可以采取不同层次的行动，行动层次不同，所需的时间也就不同（见图 5-14）。

- 如果我们需要大幅提升服务水平，那我们需要让描述客户同理心的视频在员工中广泛传播并应用，建立典型角色，并制作用户旅途。这其中，还必须有以用户为中心的主题活动和沟通。这需要几个月

的时间来实现。

- 如果你希望在管理体系上实现服务设计，则你需要服务设计内部培训；针对客户体验和员工体验设计的不同试点，你还需要多样化的服务设计工具来支持不同的日常创新活动。这个需要1～2年的不断实践。

- 如果你的目标是战略级别的，董事会层面必须以用户为中心，熟知服务设计。你们需要制定新的用户体验战略和愿景，以及具体如何推进以用户为中心的指南。这个往往需要3年的时间分步骤实现。

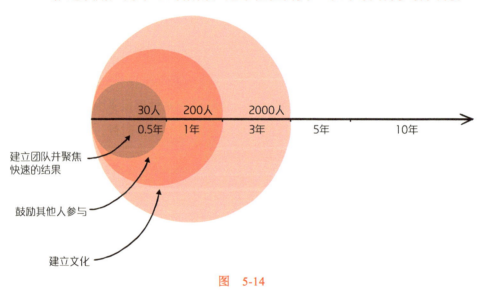

图 5-14

爱尔兰银行希望能够首先建立团队，在有限的时间里让高层先理解并确认这是合理的方向，再考虑是否全面铺开。

爱尔兰银行具有230多年历史，有超过10 000名员工。他们日渐意识到，"他们过时了，而不是用户轻易地选择了竞争对手"，他们希望改变公司文化。于是，他们挑选了36位高管组成跨职能的团队，为他们进行为期8个月的服务设计项目培训。

培训后，爱尔兰银行确立了用户体验战略，加大未来对设计的投资，成立了8个新的跨职能部门，任命了首席用户官来推动这个项目：

（1）成为以用户为中心，而非以商业为中心的公司。

（2）提供有价值的产品和服务，解决用户期待解决的问题。

（3）降低因不好的用户体验引发的风险和成本。

（4）通过快速原型增加内部项目周转时间。

爱尔兰银行从这次项目中总结道：高层的参与是成功的关键；赋能项目可以作为内部变革的加速器，让这个势头继续增长；关于业务，在大型的组织中，把真实用户的情感体验作为商业计划的一部分是一个挑战。

如何在企业推行首个服务设计项目：

（1）定义项目核心目标，体现该项目和企业目标、战略的关联——没有将商业目标纳入考量的服务设计会成为无关痛痒的项目。

（2）了解现有的用户信息以及已经做过的相关工作——深入先前的项目细节。

（3）应将独立的服务设计项目作为植入以用户为中心的企业文化的开山基石——切记和内部团队沟通你的项目。

（4）从洞察着手，切勿忘记制作原型并测试——坚定对流程的信心！

（5）计划，管控，效果衡量——你无法管控你不能衡量效果的项目。

（6）如果你计划找服务设计机构来支持你的项目，你需要评估项目规模，并据此选择合作机构——找到最合适的合作伙伴。

（7）成功的共创通常都发生在跨界团队中——团队合作更能出惊艳的成果。

（8）利用内部员工的激情，带动更多员工理解和学会运用服务设计——珍惜内部的服务设计大使，带动周围的人！

5.2.7 战略、领导力、文化、创造力和数据如五行一般相生相克

我们尝试用中国传统哲学体系中的五行来描述战略、领导力、文化、创造力和数据之间的关系，发现它可以很好地解释企业日常运营中的五大核心命题，他们彼此相生相克，互相支撑并相互影响（见图 5-15）。

各方面都需要好得恰如其分，因为，过犹不及。

图 5-15

战略如木，好的战略如旺盛生命，具备穿透力。

领导力如火，在组织中起引领作用，能迅速感染团队和客户。

文化如土壤，吐故纳新、容纳多元、凝聚力量。

创造力如金，要孕育和锤炼，更需要专业工具和方法来触发设计灵感，激活创意。

数据如水，润物无声，川流不息，日积月累。

好的战略可以推动领导力成长，好的领导力可以催生好的文化，有生命力的文化可以推动创造力生长，好的创造力可以积累数据，推动战略迭代。例如，在瀚蓝项目中，总裁的领导力催生了企业的创新文化，员工的创造力促使企业落地诸多成果，为下一步战略迭代奠定基础。

同时，过分强势的战略将影响文化生长；文化过于宽容则无法产生有效数据；太过数据导向则让领导力无法生存；领导太强，中层和基层容易缺乏创造力。就像第3章讲到的那家顶级互联网企业，管理共识和执行效率之强，企业界鲜有匹敌，然而共识越强，创新越难，因为大家都逐渐丧失了质疑的能力，没有创造力，战略很难推进，这种场景下，人人按部就班，最终要么获得大胜，要么陷入死局，这无疑是企业最大的风险。

5.2.8　五行秘法 + 双钻助力组织赋能

商场如战场，士兵上战场之前需要通过各项指标的检查，以确保其能力足以胜任战斗任务，否则在枪林弹雨中大概率会变成炮灰。

企业也是如此，想在激烈的商业大环境下生存，必须具备过硬的综合实力。所以，能力是比企业资源更重要的企业深层竞争力。

一个企业应时刻思考以下问题：究竟是什么可以让你如此不可替代？要通过怎样的动作，才能提高企业低分项和综合能力，从而增加组织总体能力？

为了更好地帮助企业回答以上问题，我们从五行图中衍生创造出了"能力之星"雷达分析图[一]，覆盖了从战略、运营到管理，从组织文化到创意设计，从应用科学到数据分析等多个细分学科领域。

[一]　一种形似雷达网的数据呈现方法，可显示三个或更多维度的变量，常用于数据排名、评估、分析等。

五行如同一把锁，是企业开启双钻的前提条件。在开始双钻设计流程（第 3 章 3.2.4 小节"对的事情还需要对的流程方法"）之前，建议先用五行秘法做自我测评。这些细化的指标可以帮助企业更好的测评目前的综合能力。

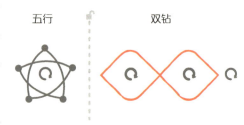

当总得分较低时，说明企业 / 组织此刻还没有准备好。无论你认为自己具有多么优秀的洞察，此时都不建议开启双钻流程。

五行秘法也可以帮助组织每年在整体双钻流程中不断反复检测自我能力，明确发展方向，促进企业进化。通过这种方式，企业的各方面能力会得到螺旋式上升。

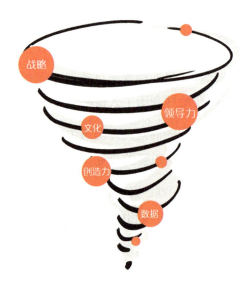

五行秘法为中华传统文化结合服务设计的智慧结晶，双钻则是西方现代设计理论的实践沉淀。我们希望将西方的管理体系和东方的文化相融合，运用创新五行秘法结合双钻助力打造组织赋能。

5.3 用服务蓝图重塑业务流程和组织形式

服务蓝图是由表及里部分的核心工具，它帮助服务设计师通过用户旅程图来梳理中后台对于组织的合作和融合。

5.3.1 和后台的功能联合

图 5-16 是一张典型的服务蓝图，每列代表用户旅程图中的一个步骤，每一行代表服务操作的不同项。一个完整的服务蓝图，包括面向用户的接触点和所有服务的"后台"元素。

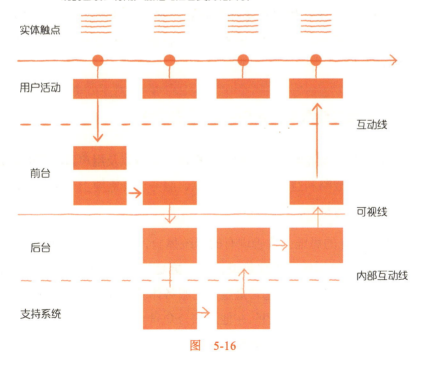

图 5-16

它的可视化服务与后台人员和支持体系，让你可以对前台需要提供的服务和后台需要提供的支持体系一目了然。它是用户旅程图（journey map）纵深的第二部分，可以串联多个接触点，对应后台需要的跨职能、跨部门工作。

蓝图中的用户旅程图和体验设计中的用户旅程图不尽相同。在用户体验设计中，用户旅程图通常通过改善单点体验来提升整体用户体验。但在服务设计中，用户旅程图显示用户的端到端和全链路旅程，可能涵盖很长一段时间——几年，甚至是几十年，比如保险服务。

服务蓝图的目的，是为了确保接触点上的元素不孤立存在，每个接触点的设计更规范。服务蓝图应始终与业务目标保持一致：减少冗余，改善员工体验或融合孤立的流程。

对于相同的服务，如果有多个不同的方案可以容纳，则可能有多个蓝图。例如，对于餐馆业务，你可能有单独的服务蓝图与订购外卖食品与餐厅用餐分别对应。

5.3.2 利用服务蓝图重塑组织结构与业务流程

服务蓝图使组织能够全面了解它所提供的服务以及用户看不到的基础资源和流程，侧重战略利益而非单点。所以，服务设计需要上升到企业价值层面，所有成员参与推行，强调合作。

"用服务设计的思维去改善现有的传统体验，服务设计是设计战略，处于整个设计价值链顶端，不仅是设计师，更是与协同消费者、公司内部员工、同行或合作伙伴等人一起营造整体的服务体验，改善与提升行业升级。"阿里巴巴菜鸟网络用户体验团队在他们的公众号推文《服务设计影响物流行业变革》中，对服务设计推崇备至。

蓝图是帮助企业发现弱点的宝藏地图。事实上，我们可以快速了解用户界面中可能出现的问题，但确定系统问题的根本原因要困难得多。蓝图暴露了大局中的问题并提供了依赖关系的映射，从而帮助企业从根本上发现组织中存在的弱点漏洞。

同样，蓝图的可视化信息揭示了潜在的改进和消除冗余的方法，有助于系统优化。亚朵酒店的服务设计就将服务蓝图用到极致。

成立于 2013 年的亚朵酒店是近几年酒店行业的当家花旦，享有酒店界的 IP 收割机之名，不仅有和财经作家吴晓波合作打造的"亚朵·吴"酒店，还有知乎酒店、网易严选酒店、网易云音乐酒店、腾讯云酒店、腾讯 QQ 酒店，以及在星座界圈粉无数的同道大叔酒店。甚至让一些人欲罢不能的开心消消乐，也被亚朵相中，合作了消消乐主题酒店。

但是，营销之外，支撑亚朵新中产定位的是其强大的以用户为中心的中后台。

亚朵内部有个制度，叫作"全员授权"：每个员工都有 300 元额度供他支配用以解决用户的问题，不需要上级审批。许多暖心的小故事都出于这个激励制度：有的用户半夜到了酒店，心心念念想吃一碗当地特色小吃，前台小哥二话不说就跑去买；有的用户路上有点伤风感冒，前台小哥也出去买药……然而，但凡管理过酒店的，或者经营管理者都知道，每人 300 元，不仅意味的成本的上升，也意味着后台审批管理权限和流程的变化。

在亚朵，如果你这次掀开的是床的左边，下次再住店，服务生就会帮你把左边的被角折好，反之亦然。

这些细节看似简单，后台运营管理者却明白，这不是一件简单的事：首先，这需要客房部把每次打扫房间的数据做一个梳理登记。但是，该收集什么数据、怎么收集,都不是客房部的传统业务。这些需要专门的部门设计用户数据收集框架,邀请用户研究专家配合 HR 部门给客房部做培训。

收集到数据之后,又由谁、通过什么方式、输入到什么平台,这又涉及跨部门的协作。

等到下次住客再来,系统如何自动提示客房部住客的房间使用习惯,并促使客房部按照住客的习惯铺好床,又需要额外的鼓励和考评体系。

光这一项服务,已经把客房部、HR 部、IT 部、市场部,乃至外部专家团队全部卷入。只有集体无缝配合才能保证客房部准确有效执行;只有早期就让不同部门的人参与进来,一起共创,达成共识,并提出合理解决方案,各自领活儿,才能最终实现这么一个小而贴心的服务(见图 5-17)。

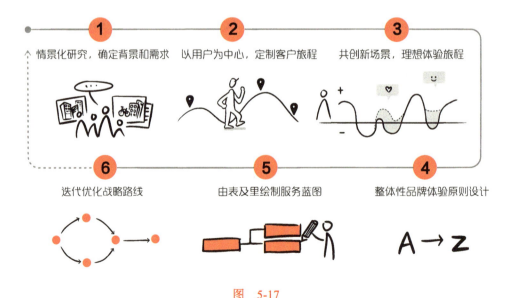

图 5-17

可以说，离开了中后台，无法支持前台服务。而亚朵的绝大部分体验都是经过精心设计，才能让用户有一个始终如一的完整而完美的体验，而这些以用户为中心的跨部门协作，用蓝图可以梳理得更加清晰。这也就是为什么我们需要蓝图——蓝图让跨部门的工作可视化，部门之间可以实现协调合作（见图 5-18）。

通常，用户在一次体验旅行中会遇到许多触点，这些触点可能分属于不同部门。客户并不关注具体哪些部门负责哪些触点，他们需要的是整体体验的完整性。蓝图迫使企业捕捉整个客户旅程中内部发生的事情——让他们洞察到单个部门无法看到的重叠和依赖。哪怕是准备哪边的被角这样的小事，离开了整个系统就无法提供完整的体验。

开巴刚开始作为一个创业组织，我们的中后台都是围绕着前台用户需求来的，待到第二、第三家开巴的时候，我们把以用户为中心的中后台服务标准化，开创了全新的组织和运营模式。

在开巴，我们的市场活动是用户、前台和市场部、供应商一起共创出来的；在开巴的案例中，前台了解女士们想要吃好、更要吃得优雅的需求，中台精心设计了棒棒糖鸡翅，后台开始和供应商沟通、共创、改良并递交了这款产品。最终，棒棒糖鸡翅成为开巴的爆款，乃至和精酿啤酒一样，成为开巴的标志。

开巴第一次参加啤酒节的时候，我们便亲自下场，一步步教店员们如何考察现场、了解背景、针对性设计现场、规划活动主次，并在整个啤酒节期间带领团队服务每一位用户，赋能所有前台团队去管理整个项目；每家店都有 1000 元 / 月的维修基金和 10 杯 / 月啤酒的签单权，随机应变处理紧急而简单需求，事后申报即可，毕竟用户体验是前台即时提供，他们必须拥有一定的自主权……

开巴服务蓝图

	进入开巴之前		点餐之前			点餐之后				体验开巴之后	
客户行为	了解开巴	进入	酒保接待客人就坐	查看菜单	查询/推荐	下单	喝汤	上饮料	上菜	再次下单	用餐	付钱（用VIP卡）	离开	说再见
前台：酒保	聊天	连Wi-Fi	抽烟											
前台：服务员			欢迎		给建议	接单		准备和上饮料	提供免费小食	再次接单	清理	输入歌码		
后屏人员				提供菜单					上主菜		清理			
推广部宣传点	在线上发送新闻和促销活动	品尝Wi-Fi密码	展示促销款、特价	展示特价食物、饮料、促销活动										在线上发送新闻和促销活动
视觉分割线														
中台：服务人员（酒保、服务员）	每周集客跟源			帮助选择位置就坐		发送订单到厨房	制作和上饮料			发送订单到厨房				提供客户反馈意见
后屏人员					显示今日例况和名字		制作食物							提供、获取客户反馈
经理												拆袋		满意客户、为下一波客户准备，满意、获取客户反馈
内部互动分割线														
支持：运营团队	负责每项整理微信信息、电子邮件、官方网站			众众/企部信息、服务信息、菜单等邮送宽发		名单（通信、微信、活动、特价/促销）等支持。			联系食品饮料供应商			支持VIP付款		获取反馈管理推广信息
痛点	提供运营（签到、培训）、技术（Wifi、支付系统、音响系统等）	从外面天该里屏开巴的活动	Wifi二维码晃不定、音响、连接	后面的吸引力(例如)障碍	菜单有更多即是等需要				菜单喝咖酒不清楚	菜单喝咖酒工作人员对咖啡的了解	出外酒酒送出门、没收起酒的诱导	VIP系统不明确，没有针对VIP会员加	客拖起批评，听酒不发的反馈意见	不起客整个的类型
什么是痛点														
为什么这个是痛点	促销活动没有吸引力			后面的吸引力（例如）障碍	后面的吸引力例如障碍				失去潜在的食品、饮料收入	失去潜在的食品、饮料收入	服务员人员士气低落	合理低价的咖啡吸引力（影响气氛）	服务员士气不足	失去潜在的食品、饮料收入
机会	更好的战略："开巴不仅仅是一个"酒吧"，精心策划以改善"手段			雷码试功一些包，提供更多定的WiFi							为民外部派会议，学习堂	更民敏提供固定的咖品，时候客户选择社会	开放、安全、感慨间的反馈，和服务员之间的反馈	更好的收纳系统的整新老客户的系统
目标受益人	所有人			所有人			所有人				所有人			所有人

图 5-18

岗位培训问题：1.帮助员工了解和熟悉SOP材料 2.比员工将SOP材料熟应用到日常工作中 3.在员工内部人员及向运营部提供公开、安全、悲剧的反馈 4.提供更多的培训。品牌策略问题：1.确定与客户相关大的品牌推广策略 2.标准化的营销信息 3.将品牌物熟呈现如何解决如何达达到清晰化。

5.4 物理空间加速组织变革

本书在第 3 章 3.2.7 小节提到过物理空间对共创的促进作用,其实物理空间的影响力远不止于此。抛却所有形而上的组织概念和运营模式,物理空间对打破固有的组织架构、提升运营效率的作用也不可小觑。试想一下,是不是每次搬办公室或者是搬家,除了体力上的艰辛,心理上是不是也会让你觉得重生了一回?

近几年,一些创新型共享空间常常凭借其富有工业质感的室内装修、宽敞的公用空间、鼓舞人心的口号标志和免费啤酒、小食及瑜伽课程等福利成为新一代办公空间的典型代表。免费的财务和法律咨询等支持服务亦逐渐兴起,创新型企业经常会选择这些空间作为他们创新的开始。

英国的政策实验室在内阁府拥有独立的创意空间,IBM 在全球成立了 42 个设计工作室,服务设计用服务蓝图重新设计组织功能时,需要的不仅是方法论,还有一片不同于常规的格子间办公室。

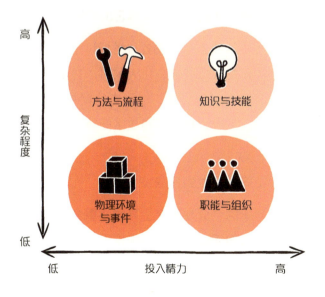

物理空间可能不是服务设计调整组织功能的必须，但却绝对是推动组织变革的最好的催化剂，而且是操作难度最低，效率最高的催化剂。

5.4.1　创新空间八大秘法

全球领先的办公家具品牌 Steelcase⊖为了更好地了解员工与办公环境间的关系，曾在 17 个国家采访了共计 12 480 名受访者，梳理发布了《敬业度与全球办公场所状况》报告。

"调研结果印证了我们的信念，工作环境不仅影响生产力，还会塑造员工的态度和看法。"Steelcase 首席执行官吉姆·基恩（Jim Keane）在报告首页表示，工作的场域不只是一个建筑，还是延续企业文化，吸引员工的重要因素，"创建舒适的实际工作环境，让员工可以更自如地选择工作方式，从而喜欢上班，对工作、对公司产生自豪感。"

自豪感只是员工敬业度的一个指标，如何让员工突破自我，像一个创业者一样去思考、解决问题，才是开放空间真正的命题。

员工可以不受干扰，单独工作，或者与搭档讨论想法，也可以与小组构思解决方案、探讨想法和发散性思考，让大脑可以自由遐想。这些空间可以帮助员工们建立信任，激发创新思维，增强实验精神，也能让他们在专注、协作、共创三者之间任意切换，在物理和数字间随心穿梭，身不为空间和物所役。

那么，什么样的空间才能做到这些？

创意主导或注重创新的企业与程序主导或注重分析的企业不同，它需要多元化的环境，支持不同的活动，协助积极构思、头脑风暴、检讨反思、交流对话或成果审视。

⊖　成立于 1912 年的办公家具品牌。

八大秘法，用物理空间打开员工心智。

- 有趣的环境和空间，让员工能够以愉快的心情发挥创意、解决问题。
- 能在独立、开放中流畅切换的空间格局，阻隔噪音的同时创造心理舒适区，进而提高员工工作效率。
- 适当的密闭空间，让员工可以偶尔放空、冥想，不受干扰地专注、凝聚。
- 不同类型的座椅适合大家随时交流，让员工为不同阶段的工作注入不同程度的能量，妥善完成工作。
- 可升降的桌子让大家更好协同的同时，保护了大家的身体健康。
- 随处可见的、可移动的白板和白板笔，提供可视化讨论，将创意当场落地开花，乃至结果。
- 专业的视频系统和音响设施，让团队可以随时随地展开一场专业的研讨。
- 适合70后、80后、90后，乃至很快也要投入职场的00后跨年龄层的沟通和专注独立工作的需要。

营造企业内部具有启发式的物理空间和氛围，能推动组织变革，这种想法是凭空而来的吗？显然不是。斯坦福大学的研究员兼讲师福格（BJ Fogg）的说服行为模型认为，导致行为出现的三大要素是：足够的动机、实施行为的能力和实施行为的触发因素，这三个要素必须同时满足时才会形成一次有效的转化（见图5-19）。㊀

福格是说服实验室的创立者，Instagram（一个免费提供在线图片及视频分享的社交应用软件）的创始人之一麦克·克雷格（Mike Krieger）就是福

㊀ BJ Fogg. Fogg Behavior Model[EB/OL]. http://www.behaviormodel.org.

格的学生。

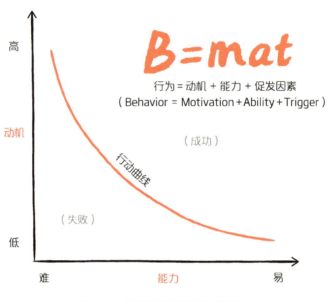

图 5-19 福格的说服行为模型

在大多数推崇开放式创新的企业中，员工大多具有较强的创新动机和较好的创新能力。

这种情况下，精心设计的各种有利于交流沟通和人际互动的自由开放空间、有利于身心放松和心情愉悦的休闲娱乐设施，以及促进协同的组织互动机制，就成了那些自我驱动、自我组织的创意精英之间相互激发各种创意的最好触发因素。

5.4.2 传统企业如何通过空间创新来改变基因

科思创是全球领先的高级聚合物和高性能塑料生产商，于 2015 年在欧洲上市。科思创聚碳酸酯复合材料业务是公司内部组建的一个创新团队，致力于新材料的应用创新和推广。

在创业项目成立之初，科思创就邀请我们担任其首席设计官（CDO），时任聚碳酸酯复合材料业务的联席 CEO 大卫·哈特曼（David Hartmann）希望让桥中赋能科思创的团队，为一讲产品就开始讲技术参数的技术人员带来更多设计思维，让他们的创新产品能够更快融入市场，和不同领域的设计师合作。

他们觉得自己应该和科思创其他的办公空间不一样。所以我们为他们设计了一个全开放式布局的空间。不但有代表创新精神的涂鸦墙，还有一块占领整个办公空间四分之一区域的创客区。创客区营造出的和谐共享的氛围，让员工在这里聚集和揣摩新构思。员工在此即可由个人工作轻松地转变至团队协作，也可以在不同创意阶段之间变换。

创客区有各种制作模型用的工具和材料。工程师和设计师们可以很轻松地在这里找到称手的工具和空间，把他们正在讨论中的东西随手做出来，测试其可行性和发现不足。

"我太爱这个设计了，每个走进这个办公室的人都会不由自主地'哇'，我非常自豪。而且这个办公室让我的团队也觉得自己有设计范儿了。"大卫笑着说。科思创的这块创新空间让一群工程师得以迅速适应设计师语境，代入设计师场景。

5.4.3 赋能星巴克、可口可乐的空间长什么样

曾经赋能星巴克、可口可乐、华为、交通银行、诺华、3M 等全球顶级的创新机构的桥中 WECO 众创空间，很好地融入了自由、开放、包容、多元等词语，最大限度地发挥空间的价值：

1. 项目室灵感空间

项目室空间是项目的载体，其设计和项目流程一样重要。好的项目室让团队沉浸其内，是提供灵感的空间，我们为此设计了多个项目室灵感空间，这里是项目孕育的空间，无数新奇有创意的想法在这里诞生，逐渐成熟，散发璀璨的光芒。

这里摆放着极简主义风格的黑色办公桌，它被放在空间的中间位置，上面层层垒起的是参考工具书和各种案例。

空间四侧墙壁上伫立着灵活可移动的白板，服务设计追求洞察和发现，研究者和设计者用一张张色彩缤纷的便利贴，进行市场及其趋势的调研洞察，从而捕捉用户需求以及底层价值。针对这些洞察和发现，我们会进行归类和设计概念板。这里有文字，有图画，它们还原了每一位桥中人的思考过程。

2. 用户研究实验室

产生灵感后的重要步骤就是检验灵感。鉴于服务设计的第一大原则就是"以用户为中心"，所以无论是什么想法，都需要经过用户的检验。

由此，用户研究实验室应运而生，但我们的用户研究共创空间与传统的用户观察室的空间又有很大的区别。在传统的用户观察室的空间中，往往有一面双面镜，观察者待在没有光线的观察室通过这面双面镜观察用户行为。

而我们的用户研究共创空间的观察室里的光线能够被有效阻断，不用担心被受访者"发现"。观察者们不用待在传统的"小黑屋"里观察，同时配备有笔记本电脑等设备。

与传统的通过双面镜观察不同，访谈室配备有音响与摄像头，这些设备与观察室的高清电视连接，观察者们可以洞悉访谈室里的具体情况。此外，观察室中可以放置电视，用来播放视频或 PPT，也可以悬挂白板或概念展板，直接投影播放 PPT。

访谈室中的家具按不同类型的访谈进行配置：当希望塑造自由轻松氛围的交谈时，可以配置沙发 + 茶几；当需要大量书写时，可以配置桌子 + 座椅。同时访谈室内配有两个可调节角度的摄像头，可以将影像传递到观察室，方便观察者进行全方位的和对细节的观察。

3. 开阔的厨房空间

我们打造了一个利于打开思维和心灵的多功能厨房空间，为想要改变未来的变革者提供合适的空间和环境。

如果你第一次来桥中，走进大门，首先占据核心视野的是一个宽 5 米、挑高 5 米、玻璃屋顶的空旷空间，空间尽头，就是开放式厨房，它居于整个区域的中心，让不同部门的员工可以频繁地不期而遇，因为有时候，最好的洞见，就孕育于过道和咖啡间的闲聊，让创造的活力始终动态流动。

每到中午时分，同事们热饭、煮面、烤比萨饼、煮火锅，热闹非凡，不仅是满满的烟火气，更是大家聚在一起分享每日新闻和心得的核心关键时期。下午大家烹茶、煮咖啡、削水果时也能相互挠一下彼此的痛痒处，简单共创，相互激发。

在这里，每周五都有有趣的站立会议（standup meeting），提供免费水果和茶点，也能很好地促进同事之间的相互交流、沟通碰撞以及创造性互动。

4. 开放的办公空间

在超大厨房区域的左右两侧分别是工作室（studio）区域和 CEO（我）的办公室。

工作室办公区不是传统的小小格子间，而是灵活与开放的，每个人的平均工位面积达到 3 平方米，空间内有多个可拼接的多边形桌面，既可满足需要独自沉思的需求，又可在需要团队协作时，随时随地进行创意互动。跨团队成员通过不同的项目彼此连接，交错激发，推动更多有趣的项目发生。这些桌子是由桥中设计师根据人体工学设计，可以自动升降，方便员工站立或坐着随心所欲地办公。

另一侧我的办公室没有锁，随时可以被员工征用，隔断也是采用全透明的玻璃，办公室大门保持敞开状态，大家可以零距离与老板顺畅地沟通，谈笑风生。

5. 空间所孕育的各种活动

（1）创意类活动。这里曾经举办过各类非传统形式的活动，有工作坊、年会、JAM、即兴表演、创意绘画，以及各类培训。

空间设计以灵活、创意、高效为原则：它可以随着不同活动类型的要求而变化，譬如前一天晚上，它可能刚刚用于举办一个 120 人参加的派对，乐队疯狂歌舞；然后在第二天，它又迎来了一位跨国集团的总裁，在这里进行了一场关于战略话题的 10 人会议；在之后几个工作日里，它又摇身一变，成了一个 30 人一起共创的工作坊环境。

（2）美食创新体验会。在专属的开放式多功能厨房中，桥中面向所有员工，举办过很多次食物设计工作坊、饮品创新品尝会和全球美食烹饪课。在这个没有压力，十分轻松的空间里，产出了无数伟大的产品。在这里，诞生了 2019 年星巴克茶瓦纳系列饮品，还有家电、汽车、化妆品等。

我们还曾经邀请唐·诺曼，当代设计奠基者、用户体验专家，与慕名前来的设计师共进晚餐，共同探讨设计与商业的趋势。

（3）派对与公益活动。桥中面向公众主办过上海设计师之夜，以及其他设计公益类活动，旨在让更多不同背景和兴趣爱好的人们在此擦出火花，被创意文化所感染。这里曾经赋能过华润、可口可乐、华为、交通银行、诺华、3M 等全球顶级创新机构，无数项目活动在这里起航。

在我们打造的这个空间里，内部团队成员的身心可以得到很好的滋养，迸发更大的创造力，同时也将这样的跨行业、跨学科、跨界限的自由交流平台对外共享，迄今为止，上百个新项目在这里起航，多家企业收到了第二轮投资。

桥中的 WECO 因为其不同寻常的空间设计，催化了多家组织的变革，赢得了全球知名设计媒体 Core77⊖ 的 2016 年度开放创新大奖，并且获得了全球多名重量级大咖的肯定：

"我到这里之前，完全没有想到在中国有这样的空间存在。这一切真的是太棒了！我先前唯一看过像这样有创新和活力的空间，是在美国的创新实验室。"

——戴维·霍尔，全球著名未来学家

"我觉得在这个办公室里发生什么都有可能，而且我非常惊奇的是它是一个很自由的空间。"

——张诚，田园东方总裁

"这个空间聚集国内外顶尖资源，推进了中国设计产业的不断变革，对

⊖ 美国一个专注于介绍全球工业设计行业信息的网站，创建于 1995 年。

产业结构的优化升级、创新创造做出了有力贡献。"

——辛仁周，前工信部产业政策司副司长

"在设计思维和共同协作工作模式还未普及的文化和地区，这是一个重大的成就。通过空间和方法论的塑造达到了惊人的效果，并且相关的团队看上去都是沉浸其中。"

——全球知名设计媒体Core77评委团

5.5 工具：由表及里

5.5.1 服务蓝图

服务蓝图能够帮助设计者将服务的执行与运作过程可视化。用户旅程图关注用户在每个服务互动触点所经历的事情与感受，服务蓝图则更注重服务中的各个要素有没有被正确地设计和整合在一起，进而描述整体的体验流程。

一个完整的服务蓝图包含五点、三线[○]（具体图示，请见5.3.1的服务蓝图101）：

1. 五点

- 实体触点（physical evidence）：服务触点的实体表征。

- 用户活动（user actions）：用户在购买、消费和评价服务过程中采取的一系列活动步骤。

[○] Bitner, Mary Jo, Ostrom. Service blueprinting: a practical technique for service innovation[J]. California Management Review, 2008, 50(3), 66-94.

- 前台活动（onstage action）：能被用户看见的和直接接触到的服务活动（界面）。

- 后台活动（backstage action）：用户看不到的、支持前台与用户互动的后台活动。

- 支持系统（support process）：涵盖在传递服务过程中，支持员工的各种内、外部服务步骤。

2. 三线

- 互动线：用以区分用户活动和前台服务活动。互动线以上为用户活动，以下则是前台活动。

- 可视线：用以区分用户能看到的与看不到的服务行为。可视线以上是前台部分，以下则是后台部分。

- 内部互动线：用以区分服务后台与支持系统。内部互动线以上是后台活动，以下则是支持系统的活动。

用户在前台经历的每一个阶段都对应到服务的触点，也对应到组织后台的活动。不同的组织创建的服务蓝图风格不同，过程中往往会涉及跨部门整合，最后将服务用一张图表来系统体现所有的洞见。

服务蓝图是一种组织转变策略，运用系统的蓝图可以推动服务创新，通常用来分析现有的服务，检验各个触点之间的配合，从而提升服务。[一]

如何建立服务蓝图？

（1）根据项目特性在白纸或墙壁上勾勒出框架表。首先划好互动线、可视线和内部互动线，以虚线划分界限。

[一] 详见本章 5.3 节。

(2)在互动线以上,按用户活动时间顺序来描绘一系列的用户活动,注意(用户最初了解的服务接触点)—加入(登录或注册阶段)—使用(服务的常用阶段)—发展(用户对服务的扩展使用)—离开(结束使用服务,可以是阶段性或永久性的)。

(3)在互动线与可视线之间,描述前台各阶段的互动。对应每个用户的活动轨迹,可以添加不同服务提供方(例如护士、医生、行政人员等),并创建与服务对象产生直接互动所必需的行为,可以用实线箭头连接表示互动关系。

(4)在可视线以下,描述后台各阶段的互动。对应前台服务提供方的服务流程,组织后台的不同角色进行配合,同样可以用实线箭头连接表示互动关系。

(5)回到表格网络的最上端,对应用户活动标注服务接触点。例如接待吧台、网站平台、印刷物料等。细节到全局需要反复思考。例如界面触点是什么样子?员工接待是怎样的标准?如何与服务保持整体上的一致性?

(6)制作数字化的服务蓝图,视觉化的数字档案,方便团队更新与共享。

共享汽车服务蓝图如图 5-20 所示。

		了解	进入	体验	离开
前台	客户行为	下载App 注册账号	叫车 选择路线和车型	搭车 等车 寻找 上车	下车
	接触点	App商城	显示附近车辆	发送司机资料给乘客 约定车辆	评价打分 拿取发票
后台	后台互动	确认乘客和信用卡	发布叫车信息给司机	开始记录路线轨迹	刷卡付费 电子收据
	系统支持	平台维护	平台派单	后台导航 计费运算	平台维护 客服热线

图 5-20　共享汽车服务蓝图

> **· 小贴士 ·**
>
> - 用户与环境（社会、技术等）的不断变化导致服务必然是动态的，蓝图在服务实施过程中需要不断检视与迭代。
> - 过程可以使用便利贴，方便讨论时灵活移动。最终可以用各种设计工具（ppt、excel、indesign、AI 等）将服务蓝图的原型视觉数字化。
> - 前台、后台与服务对象间的互动可能会超出预期，往往需要服务提供者的各个部门联合一起协作完成，甚至会邀请用户共同参与，工作坊是最为广泛使用的一种共创方式。

5.5.2 服务缺口

服务缺口是用户对服务的期待（需求）与实际接收到的服务之间的落差。

服务缺口是一个分析模型，可以用来探讨服务发生的原因。通常可以分为 5 大部分[⊖]（见图 5-21）：

（1）倾听缺口：不清楚用户需求或期望，导致提供的服务无法满足用户的期待。

（2）设计与标准缺口：管理者将用户需求和期待转化为设计标准，转换标准存在差距。

（3）表现缺口：实际传递的服务表现与所设定的传递标准有差距。

（4）沟通缺口：服务的表现没有符合承诺，与对用户的宣传沟通存在差距。

⊖ Parasuraman A Zeithaml V A, Berry L L. SERVQUAL: A Multiple-item Scale for Measuring Consumer Perceptions of Service Quality. Journal of Retailing, 1988, 64(1), 12-40.

(5)顾客缺口：用户在事前期待的服务与体验后的服务有差距。

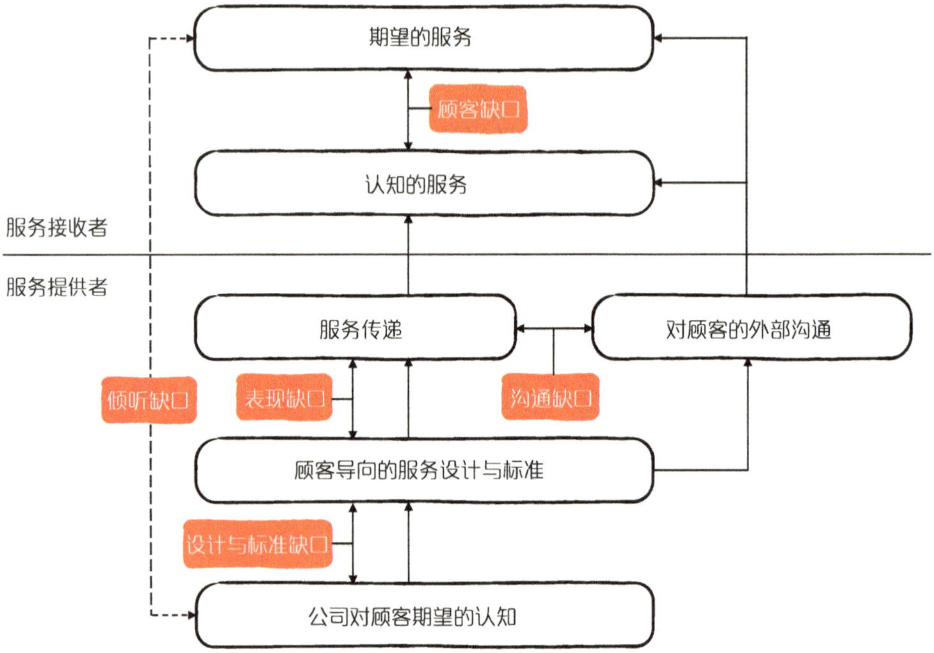

图 5-21

相较于评估产品，评价服务的难度更高。企业要满足用户的需求、获得更好的评价，就必须要补足这五大缺口。

服务缺口工具可以在诊断过往服务表现或现有服务系统升级时应用。

如何使用服务缺口工具？

（1）团队对于服务内容与用户体验内容应进行全面的了解与检视，可以透过对相关利益关系者的访谈、观察或者自己的亲身体验等研究活动获得对服务的评价信息。

（2）以小组座谈会的形式穷举和筛选服务问题。

（3）将所有服务问题对应五大缺口进行分析和检视。

（4）制作成电子档案，方便部门之间的分享与后续解决方案的职责划分。

> **· 小贴士 ·**
>
> - 借助已有的工具（例如服务蓝图，用户旅程图）的帮助，把问题与发生阶段和关键触点对应。
> - 为了便于在过程中删减与调整，建议使用便利贴进行讨论。

5.5.3 利益相关者地图

利益相关者地图是以图画呈现和厘清所有利益相关者之间关系的方法。与服务有关的各个群体因为共同的利益聚在一起，因此服务提供方在解决问题时就能更好地利用资源。对利益相关者来说，综合全面的概述是改善服务或创新尝试所必需的。图 5-22 为一利益相关者地图示例。

在服务创新设计初期，利益者相关者地图可以帮你了解不同群体的利益关系，也可以在服务转型时统观自身资源，从而进行更好的整合与串联。

如何制作利益相关者地图？

（1）列出所有利益关系人清单，可以选择观察、访谈或桌面研究。例如，可以了解各部门在整个服务系统或项目中处于什么领域？核心成员是哪些？直接关系人、间接关系人是谁？他们在项目进程中的职责分别是什么？外部的合作企业、部门或人员是谁？有什么样的政策？

（2）深入理解他们是怎样相互关联的，如果时间允许，可以将所有关系人的兴趣、动机、样貌列出来，进一步将潜在的关系人也挖掘出来。

图 5-22

（3）用同心圆的方式，将所有关系人列入、定位，并以线条、箭头或图示描绘相互关系。团队可以在白板上用不同颜色的便利贴代表不同亲疏关系，灵活讨论，再绘制数字档案。

· 小贴士 ·

- 除了公司部门、员工以外，供应商、客户，乃至有差异的同业，都可以是利益相关者。
- 利益相关者地图可以有多种格式，但都需要明确指出内部与外部利益关系人，理解内外部的重要性和相互关系。

| 第 6 章 |

迭代才是商业战争的开始

新零售[⊖]是线上线下融合的一个开端。随着新零售的兴起，一方面，轻资产的线上运营正在与重资产的线下服务加速融合，另一方面，用户的需求链越来越长，与之对应的商业模式越来越难以清晰，管理难度不断攀升。最为关键的，成本越来越不可控。

这时候，你尤其需要从小开始，为服务制作原型，并基于此不断升级迭代。

你可能只知道产品可以做原型，卖楼需要做样板房，并不了解服务也可以做原型。本章将向你阐述如何制作服务原型，如何迭代服务原型，并辅之以合理的评估维度，帮助你提升服务迭代质量。

盒马鲜生等新物种的出现已经拉开新时代的大幕，新的战争已经开始了，谁先掌握全链路的迭代，谁就可能赢得成功，甚至突破数字和物理的局限，成为线上线下互联时代的巨头。

6.1　迭代要趁早

现在大家了解的迭代，基本都是从互联网行业的迭代开始。最近数十年，AI、大数据、云计算……新技术层出不穷，消费者需求快速变化，速度对于互联网公司来说堪称性命。要么第一，要么等死。

⊖ 2016 年 10 月的阿里云栖大会上，新零售的概念首次被提出，"未来的十年、二十年，没有电子商务这一说，只有新零售"。新零售，即企业以互联网为依托，通过运用大数据、人工智能等先进技术手段并运用心理学知识，对商品的生产、流通与销售过程进行升级改造，进而重塑业态结构与生态圈，并对线上服务、线下体验以及现代物流进行深度融合的零售新模式。

在这种市场环境下，**繁重的研发不一定能产出成功的产品**，烧钱和烧时间的同时，很可能在错误的方向上越走越远。而随着投入时间的增加，企业的沉没成本和自负双重增加，对用户会越来越没有耐心，以用户为中心的意愿也会越来越低（见图 6-1）。在投入市场前，对已成型的概念和产品进行迭代，才是降低风险和减少损失的明智选择。

毕竟失败来得越快，成功才会来得越早。

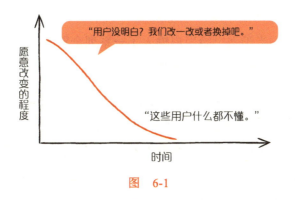

图 6-1

"如果你对你产品的第一个版本没有任何不爽，那说明你发布得太晚了。" 雷德·霍夫曼（Reid Hoffman）这句话也是侧面表达了迭代需要在更早期阶段进行。霍夫曼是领英（Linkedin）联合创始人，曾经担任过贝宝（PayPal）⊖ 高级副总裁，是硅谷最有名的天使投资者之一，曾经投资过包括脸书在内的 60 多家创业公司。

6.1.1 精益思维也是服务设计的神兵利器

精益创业⊜并非互联网行业的专利。事实上，它可以应用在任何行业。

⊖ 贝宝（PayPal）是在线支付服务商。贝宝是专为中国用户推出的本土化产品，产品面向拥有人民币单币种业务需求的企业与个人，但目前贝宝还没有取得中国国内支付牌照。
⊜ 埃里克·莱斯. 精益创业 [M]. 吴彤，译. 北京：中信出版社，2012.

精益创业的思维本身脱胎于日本丰田的精益生产理念。在一切皆服务的后产品时代，如何把精益思维更好地运用在服务设计之中呢？

精益创业三板斧同样适用于服务设计：最小可行性产品/服务、及时客户反馈和快速迭代。

以开巴为例，开巴1.0版的酒单，就是专为精酿啤酒爱好者设计的专业酒单，以精酿品类细分来编制，比如艾尔、浓艾尔、拉格、世涛、波特、皮尔森等。这在现在稀松平常，但在2008年没有啤酒文化基础的中国，这些名词形同虚设，相当于强行给用户输入了一系列全新的概念，消费者仍然需要大量解释才能明白他们该如何选择。

于是开业不久，我们立即着手制作了2.0版本的酒单。2.0版本希望从一个不需要解释，顾客就能自行选择的线索展开，最终，我们确定以"国家"为线索对酒品进行分类。顾客仍然不认识这些酒，但对酒的产地却是每个人都有自己的联想，尤其是开巴提供来自多个国家的100多种啤酒，除了主打的比利时，还有德国、英国、美国等国家，这种分类不仅恰当，而且自带文化属性，推广起来更顺利。

果然，酒单升级到2.0版本以后，顾客开始对这些啤酒有了更具象的认知，把啤酒和国家串联起来，啤酒文化的传播也更顺畅了。

不过，2.0版本仍然不是一个最理想的版本，因为顾客虽然对国家有自己的文化地图，但这和啤酒的口味地图并不重合，并且在当时，有相当一部分顾客对啤酒心存鄙视，以为精酿啤酒和三四度的工业啤酒是一个量级，并不将之视为真正的酒。为了帮助客户更快地选到自己喜欢的啤酒口味，我们在3.0版本中，将酒的分类迭代成了以口感风味和度数来划分的方式。

在对精酿文化还不熟悉的时候，顾客不知道自己要喝什么啤酒，但他们会有兴趣去尝试不一样的味道，对自己能够承受的酒精度也是有一定了解的。既然他们并不清楚酒名背后的味道，那我们就通过描述告诉他们，引起他们的兴趣。我们对啤酒风味的描述从偏甜到偏苦，从橡木桶香到咖啡味、蓝莓味、苹果味……而酒精度数的标识则让顾客可以针对自己的酒量选择要挑战自我，还是浅尝辄止。

酒单从 1.0 到 3.0 版本的迭代，前后不过一年时间。然而，正是看起来非常专业的 1.0 版本的失败，催生了更方便选择的 2.0 版本，最终迭代到最直观最简易的 3.0 版本。顾客选择的兴趣度和点单速度大大提高，服务效率和营业额也大大提升，我们还能通过酒单迅速识别出不同类型的啤酒爱好者。

6.1.2 根据用户需求迭代你的服务

在应用精益思维迭代时，需要强调的是一定要紧跟用户需求，这才是有意义的迭代。

数年前我曾读到过一篇文章，大意是日本的电视行业在进行战略计划时，就是按照向标清、半高清、高清、4K 这样的技术路线来规划产品的。随着时间的推移，这些产品也依次被开发出来并被投向市场。

但市场并没有按照这条技术路线发展。

随着人们生活方式的变化，电视在用户生活中的角色从单一的固定场合转向融合的多元场景。电视不再是一家人在晚饭后的娱乐工具。它需要更智能化，能跟其他设备进行更好的协作，能方便地接入更多的资源等。

虽然日本的电视机厂商也对产品进行了迭代，但它们的迭代是按技术路线进行的。由于没有紧跟市场和用户需求的变化，现在市场份额已经被各类互联网智能电视大大侵蚀了。

这里跟大家分享开巴的另一个例子：如何让酒吧有更多中国顾客？

我们曾经做过一个测算，酒吧里，外籍顾客和中国顾客的合适比例是2∶8。外籍顾客一般一杯啤酒可以喝一整个晚上，酒吧于他们，主要是排遣寂寞、与不同人聊天的场所，酒杯不过是一个道具和一个能站在酒吧的理由；中国顾客却不同，酒吧和餐厅类似，都是他们分享的场所，吃与喝才是酒吧之夜的主题，每人一杯，边谈边吃边聊，喝完了，可以尝试新酒，当然也可以再来一杯。所以，中国顾客对开巴的营业额和利润率贡献无疑都是最大的。

但开巴最早开张的时候，外籍顾客的数量占到了95%。因为彼时，啤酒文化尚未在国内广泛传播，酒单也充斥着国人不熟悉的专有名词，最初来酒吧的，自然以外籍人士为主。外籍顾客更偏向"独食"，即使是和朋友一起来，也是每个人点一份自己的食物，所以，开巴的初版菜单上都是以一人食的西式简餐为主，三明治、汉堡是最主要的食物。

但随着开巴社区活动的推广，场景慢慢发生了转变，越来越多的国人开始光顾开巴，中国顾客和外籍顾客的比例达到了7∶3。

在中国顾客刚刚开始增加的时间点上，我们就开始思考，我们旧有的菜单是否适应日益增加的中国顾客：他们虽然也愿意尝试西式的生活方式和食物，但骨子里的饮食习惯仍然是彻头彻尾的中式，最典型的表现就是，他们可能仍然喜欢西餐，但他们却不喜欢一人啃一个汉堡，而是喜欢共享食物——我们吃火锅、到中式餐馆点菜，都是大家热热闹闹围成一圈，一边谈天说地，一边分享一个锅或几个菜。

针对中国顾客的内心需求，开巴开始推出一些改良的、更利于分享的菜品，比如比马卡龙大不了多少的黑啤烩牛肉小汉堡、小食拼盘、棒棒糖鸡翅，既能满足外籍顾客一人份就餐的方式，也能照顾到中国顾客分享食物的习惯。

除了推出全新的菜品，旧的菜品也会根据顾客的口味进一步迭代。刚提到的棒棒糖鸡翅早先是墨西哥风味的，口感微辣，但上海顾客更喜欢甜食，因此后来就把外层包裹的辣酱换成了甜酱，果然销量迅速上升。

6.1.3　迭代要有节奏感

服务设计讲求越早对概念进行迭代，就可以越早窥探到产品在消费者中是否真正受欢迎。当然，在概念尚未成型阶段无从迭代，因此，**迭代应该在概念成型的阶段即开始，在服务和产品交付以后再进一步迭代**。执行层面上的迭代相对而言可以更灵活、更快捷一些。

如果你对如何迭代心存疑虑，谷歌的设计冲刺或许是个不错的工具。设计冲刺集思考、设计、分析、产品原型产出于一体，强调在有限时间内快速迭代，帮助初创企业做出早期可供测试的产品。它让产品尽早成型，从而可以根据各方面的反馈以最快、最合适的方式迭代。

需要进一步说明的是，5天的设计冲刺并不能解决在产品开发过程中的所有问题。它更重要的意义在于帮助大家在短时间内达成相对共识，从而可以拿出一个相对成型的产品供讨论，收集反馈并进一步完善。

6.1.4　迭代≠革命

每次迭代到什么程度，其实是用户说了算。这也是为什么大部分迭代都需要邀请真实用户参与最后的评价。

开巴最初每季度迭代一次菜单，慢慢摸索出顾客脾性后，菜单迭代频次降到一年两次，且每次迭代，只会替换其中20%~30%的内容。因为老顾客才是公司的主要利润来源，如果每次迭代都是一次彻头彻尾的"颠覆性创新"[⊖]，老顾客就会在新菜单中迷失，他们很可能会因为找不到记忆中的和喜欢的产品而全部跑光。

事实上，无论是产品还是服务，每次迭代总有一部分是有价值的，因为用户不喜欢一成不变；与此同时，哪怕是再常青的产品和服务，如果没有生命周期，永远长存，也会渐渐失去魅力，不如给它们一个体面的结尾。而颠覆式创新，100%的彻底迭代，只适用于商业模式变革期，并不是日常迭代。

6.1.5 迭代要有不完美主义精神

服务是涉及多个方面的复杂系统。如果迭代的内容繁重而全面，加上紧张的项目周期，容易导致反馈信息宽泛、浅显，进而违背迭代快速、高效的初衷。所以，迭代过程中不要求面面俱到，要坚决摒弃完美主义精神。

那么，哪些方面是迭代过程中必须优先考虑的呢？

1. 优先迭代核心功能

当面临复杂的服务系统，必须确立优先级时，应先从核心功能开始。每一次迭代都应该有清晰的目标。

举个例子，在针对机场的服务设计中，核心功能就是机场作为交通枢纽所应该具备的最基础的功能，比如赶飞机、安检、托运行李的过程能否更高效且令人愉悦。核心功能满足以后，才开始考虑提供便利性服务，比如指示标志是否清晰易懂，让旅客能更快、更轻松地找到目的地。前两层都做到了，才考虑去提供独特的、让旅客难忘的体验，比如赫尔辛基机场为了吸引亚洲旅客在机场创造的芬兰手工艺体验小作坊、变身"圣诞老人"等活动（见图6-2）。

⊖ 克莱顿·克里斯坦森. 颠覆性创新[M]. 崔传刚, 译. 北京：中信出版社，2019.

图 6-2

"在线健身教育"的领跑者 KEEP（自由运动场），就是因为洞察到老一代蕙兰瑜伽、郑多燕等视频均已老化，且只适合电视年代，跟不上移动互联网时代对内容的要求，所以，KEEP 的创始人王宁在拿到第一轮融资之后，第一时间找了两位健身教练和摄制组重新制作视频内容，并在初始版本上市之后的近两年时间内，只是不断迭代与视频课程相关的功能、拓展健身视频类别、优化内容。在靠核心的健身视频狂揽 3000 万用户之后，王宁才慢慢拓展了跑步、瑜伽、骑行、社区等其他次一级功能。

核心功能是所有服务的基石，在此基础上，其他的服务才能锦上添花。

2. 永远不要爱上第一个想法

很多企业家或创业者都有"只有偏执狂才能生存"⊖这个理念，并且容易偏爱初始想法，并不愿意改变。但是，爱上自己的第一个想法非常危险——因为我们从始至终都不能忘记以用户为中心，我们必须在产品或服务开发的各个阶段，始终保持与用户沟通。

⊖ 安迪·格鲁夫. 只有偏执狂才能生存 [M]. 安然，张万伟，译. 北京：中信出版社，2013.

在目前速度优先的时代,很多商家表示他们并没有多余的时间和预算来做用户测试。但是凡事预则立,不预则废。测试和流程相关,和时间、预算并没有直接关系。在前期测试中,问题被发现的速度远快于后期,危害远小于后期。不做测试直接成功的可能性不是没有,但显然并不高(见图6-3)。

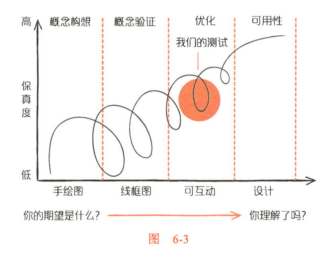

图　6-3

测试时间可以是两个月、一周,甚至是一天、一小时。你可以通过管理测试的重点、长度和人数来协调时间和预算(见图6-4)。

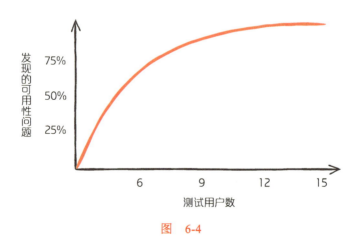

图　6-4

6.2 原型：迭代服务设计的核心工具

6.2.1 好的想法与杰出的想法，从"做"的那一刻开始不同

"如果仅仅停留在想法，那能带来什么好处？尝试，实验，迭代，失败、再试一次，然后改变世界。"著名领导力顾问西蒙·斯涅克（Simon Sinek）如是说。

不管是产品、服务，还是体验，只要它还只是一个我们头脑中的想法，它就不会遇到预算、时间表、现实本身的限制。更糟糕的是，当我们与他人分享我们的想法时，几乎所有人都会迷失在语言表达的过程中，甚至每个人理解的完全不是同一事物，毕竟"一千个读者眼中，有一千个哈姆雷特"。

那么，如何避免这种情况？如何从某个想法中得到更多，并把它变成一个更好的想法呢？

做！

把这个想法变成现实，把它迅速从我们脑海里挤出来，进入一个世界，这个想法可以被推动，分解，再重组。测试它，重新思考它，重新想象它。

一个好的想法和一个杰出的想法，区别于开始"做"的那一刻。

6.2.2 1个原型 = 1000 个会议

如果说一张画可以表达 1000 个词语，那一个原型就等于开了 1000 个会议。

在传统的创新项目中，企业内部会开很多场会议来讨论解决方案。当有人提出用一张画来表现解决方案，那真是太棒了！大家离共识又近了一步。

但是，画毕竟还停留在纸面上，是二维平面的，难以聚焦、深入，无

法快速迭代。比如画里出现在柜台后的服务员，我认为他应该出现在大门口；比如画中的一本册子，我认为它的打开方式是上下翻动，而不是左右翻动……那么我们为什么不动手把它变成三维立体的呢？

在表达概念的时候，原型是视觉化的升级版，它是产品和服务的初期模型或样品，用以测试评估概念和流程，是详细规划产品前和投入执行前的最后一步。它比视觉化更进一步，可摆弄、可互动，基于真实场景，迅速让人们在讨论方案时对内容有更深入、更细节的认知（见图6-5）。

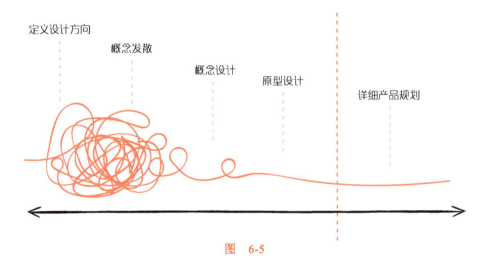

图 6-5

戴森创始人詹姆斯·戴森（James Dyson）深谙此道。1983年双气旋真空吸尘器上市，这款被视为自1908年第一台真空吸尘器发明以来最重大的科技突破，它上市之前，戴森没日没夜地足足折腾了5年，制作了5127个原型，平均1年超过1000个原型，以每天近3个原型的进度更新迭代。2016年上市的、赢走全世界女人心的超音速吹风机，用了4年时间，做了600多个原型，才真正面世。

原型不仅可以运用在产品领域，它还有很多种类型，有界面类、场景类等，可以很简易，也可以非常完整（见图 6-6）。1 个月、1 周、1 天，甚至 1 个小时内，都可以做原型。

以数字化的原型为例，1 小时可以用纸笔手绘的方式做出简单的纸质原型，1 天能做出线框图原型，1 周可以做出高保真的界面，1 个月就可以做出接近真实产品的 App 了。

图 6-6　多种形式的原型表现

6.2.3　服务也可以制作原型

也许会有人说："服务太抽象，无法像产品一样制作原型。场景原型也不能完全反映服务的内容。"

这是个误区。服务也能制作原型。服务原型是在服务正式投入和实施前，营造尽可能接近真实的场景（包括人员、设施和流程），去测试和观察用户反应的一种工具。

服务不像产品那样一看就知道用途，服务是抽象的。因此，服务原型不论其形式如何，最重要的是要有互动性，让用户有沉浸式的体验感。服务设计原型是重在用户感知的"体验原型"，而非关注具体技术细节的"功能原型"。

服务包括多重触点渠道，需要将"复杂"以视觉化方式呈现出来。服务原型帮助我们从整体到细节对服务进行反复思量，使得服务得以作为一个整体被理解，同时还能调整触点之间的互动关系。

服务设计在金融、医疗、公共交通这几个服务场景运用较广，它们的共同特点是：重资产、重投入、转型难、流程长，一旦体验不好则影响面极广。在这样的行业里，服务原型甚至比产品原型有更大的价值，通过小成本了解消费者、测试概念，增加项目成功的可能性。

- 医疗行业：用硬纸板构建一个新的"药房"服务摊位。
- 金融行业：建立一个新的银行服务原型，包含物理空间、社交、数字化等各项触点。

6.2.4 原型测试助力低成本试错

我们常常会听客户说："我们知道原型好，但是我们真的来不及了，而且我们负担不起做原型的成本。"这和做不做测试是一个道理，如果不做原型，可能会承担更大的风险，付出更大的代价（见图6-7）。

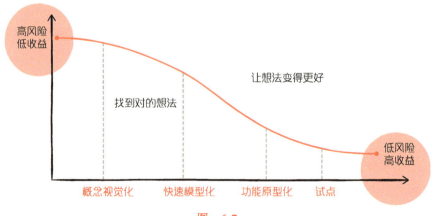

图 6-7

设计阶段的变更成本可能只有几万元，设计师变更解决方案就能挽回一个可能失败的方案；发展中的变更成本可能是几十万元到几百万元，因为你应该已经投入并试制了一批产品，甚至可能已经开始按照最初的设想租赁物业并进行装修；如果待到产品和服务真正面市，变更成本可能高达几千万甚至上亿元，到时候你可能不仅需要处理囤积的存货，更有一个团队等着你解散（见图 6-8）。

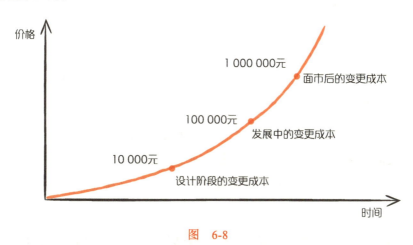

图 6-8

我们正处于一个 VUCA 时代，线上电商想发展线下业务，生产商想直接面向消费者成为零售服务商，OEM⊖想转型成为 ODM⊖……许多传统行业的公司都在纷纷寻求新的商机，拥抱转型和改变。

转型的时候，很多企业都会面临新的问题：我们的商业模式可行吗？我们的新业务会被市场接受吗？消费者会为此买单吗？这个时候，许多企业可能就会开始请专业咨询人士回答这些问题，然后直接开始一些小的尝试："那我们把新产品开发出来试试""我们把新店开出来试试"。但这个"试试"，其实不需要真正成型的产品和服务，而是可以用原型来解决。

⊖ OEM，即原厂设备制造商（original equipment manufacturer）。
⊖ ODM，即原始设计商（original design manufacturer）。

芬兰领先的半成品食品制造商 Saarioinen 跟其他企业一样，希望寻找一些合作伙伴和机会，突破自己食品加工厂的定位，转型成为终端服务供应商。[一]

Saarioinen 调研后发现，在工作日的午餐和晚餐之间，人们是容易感到饥饿的。传统下午茶偏英式，需要单独的时间和空间坐下来享用，而上班族并没有这么多的空闲时间，一般会选择买杯饮料、小食，快速补充能量，继续工作。芬兰人有喝汤的习惯，特别是在冬天，热汤更能给人们带来温暖。于是他们想到，为什么不能用营养、好喝、温暖的汤，来作为下午茶的替代品呢？虽然这是个好想法，但是，用户对甜与咸的选择可能并不容易打破，尤其是欧美用户。

于是，Saarioinen 决定谨慎上市。不同于用传统的方式去做市场调研，Saarioinen 先找了当地一家大型咖啡连锁店合作——人们想在下午休息吃点东西时最有可能走进的当然是咖啡连锁店（当然，在中国和日本，可能是便利店）。

最开始，他们准备好热汤，用保温瓶装好，直接卖给顾客，但他们很快就发现即使用保温瓶装好，晚一点来的顾客拿到汤的时候也已经不够热了。于是他们改良迭代，直接用店内的咖啡机给汤品现场蒸汽加热，这样，顾客喝到的汤就都是现做的、热腾腾的。

看到顾客对汤品接受程度还是蛮高的，Saarioinen 的员工又开始构思，咖啡店内原来也卖一些西式点心，但这些点心更适合搭配咖啡一起吃，而不适合热汤。经过一轮策划，他们在店内推出一些坚果零食，比如杏仁、腰果、花生、果仁等，客人们可以自主选择想要加入的坚果，搭配自己的热汤食用。

[一] 参考芬兰服务设计公司 Hellon 和桥中创新学院 2018 领军班教程。

Saarioinen 在最初的设计阶段，就开始挑选合作伙伴，以一个较低的成本测试概念的可行性，并思考项目如果落地，具体实操逻辑该如何展开：餐牌应该怎么写？价格如何定位？新的产品是否具有市场？通过这些，让概念在成型之前就能经过实践的考验，跳过了实体店选址、装修、招人，以及一开始出售尴尬产品、尴尬服务，从而影响品牌价值的低效过程。

待到商业模式真正成熟，将产品隆重推出市场之际，果然汤品成了下午茶档期最受欢迎的点心饮品。Saarioinen 以便捷、低成本，关键是低风险的方式实现了从速成品制造商到食品服务提供商的华丽转身。

试想，租一个旺铺装修开店会发生什么？

请一支专业的团队来打造品牌，会发生什么？

直接做企业转型，又会发生什么？

6.2.5　解构复杂，把握迭代的颗粒度

1. 拆解，是迭代的第一步

企业发展过程中，随着商业逻辑的拓展、业务的扩张，产品、服务、业务部门可能会逐渐增加。过程中会出现部门职责交叉、业务重叠、系统架构变复杂等问题，很容易导致内部管理混乱、用户体验受到影响、整体运行效率下降等情况的出现。

在对复杂系统进行迭代的时候，可以把整个系统进行拆解。颗粒度越小，越能还原事物的本来面貌，可以进行调整的灵活性越大，迭代的效率也越高。

拆解到多小的颗粒度是适合的呢？设计和物理、化学颇有相通之处，我

们借用物理定义，定义最小元素为原子（atoms），不同原子组合成为分子（molecules），分子组合成为组织（organisms），多个组织可以组合生成更复杂的结构。

"原子设计"的思维最早起源于网页设计师布拉德·佛罗斯特（Brad Frost），其核心观点在于把设计阶段拆分成五个阶段，分别是：原子、分子、组织、模版、页面，以分层的逻辑方式来设计界面系统。所以，在网页设计里的"原子"，指的是网页构成的基本元素，比如标签、按钮，也可以是字体、色调等。

我们第一次将原子设计的概念引入服务设计，从复杂事物中拆分出最基本的组成单位——原子，继而层层拼搭成不同的分子、组织和更大的结构。在新零售原型上，我们就用了这个方案搭建原型架构。

2. 新零售原型协助品牌商搭建线上线下一体化服务体验

自阿里巴巴提出新零售概念之后，整个商业世界似乎都卷入了新零售转型，从各个维度尝试打通线上和线下，连接物理和虚拟。

阿里作为概念推广方、技术输出方和服务提供方，为品牌和零售商提供了超过20种不同的智能硬件及上百种创新玩法，全维度推动新零售概念落地。然而，品牌和零售商需要自行学习并实践这些玩法，这对只擅长线下的品牌和零售商无疑是极大的挑战。

这场景，仿佛少林寺藏经阁的扫地僧路过，给一群没有练过功的朝圣者丢了一部武功秘籍，比方说《九阳真经》[○]，希望他们自学成才。

对于这个挑战，阿里巴巴于2018年底推出系列标准，来帮助商家利用阿里的平台和技术。

○ 金庸小说《倚天屠龙记》中的一门绝顶内功，亦曾出现在小说《神雕侠侣》中。

然而，以文字表达多少缺乏真实感且枯燥乏味，加之数字世界和物理世界有着两套完全不同的逻辑体系和思维模式，甚至是两套不同的语言，血液里流淌着数字基因的阿里巴巴，能用文字向血液里流淌着地段、地段、地段的实体品牌零售商，解释清楚他们的理念和做法吗？

感觉扫地僧给《九阳真经》做了注释，好处肯定是有的，但品牌和零售商毕竟只是没有武功基础的朝圣者，他们应该需要更多。

于是，阿里巴巴服务设计专家茶山想到用新零售原型来打穿这层隔阂，相当于为想要学《九阳真经》的同学们配了一个标准版的视频解说，虽说还没有师傅领进门，但绝对比只有文字版本要强。

然而，这款原型并不容易搭建：首先，需不需要专门的新零售原型，还是一款通用原型就足够？乐高原型可以吗？用纸搭建可以吗？抑或是售楼处的声光电沙盘原型更直观？

确立了需用专业的新零售原型之后，新零售因为涉及沟通线上线下，从线上到线下的无数个物理场景也让原型搭建团队一度陷入困境。

于是桥中引入"原子设计"的方法，来拆解整个线下新零售场景。对于新零售场景而言，触点即原子。触点影响动线，而动线营造场景。品牌商和零售商在运用这套原型的时候，只要将最小的原子"触点"进行重新组合，就能掌握不同场景的运用方式（见图6-9）。

新零售，从原子到原型

图 6-9

将触点穷举并梳理为五大类，包括智能硬件、人、五感、墙、其他配件。

智能硬件：指阿里巴巴提供的 20 多种设备，包括照相机、售货机、派样机、美妆镜、试衣镜、娃娃机、云货架、快闪站（POP station）、母婴室……

五感：听觉、嗅觉、视觉、味觉、触觉。

墙：门店围墙、海报墙、宣传资料展示墙等。

人：消费者、导购员、店长、服务员、快递小哥等。

其他配件：送货的摩托车、公交车、公交车站等。

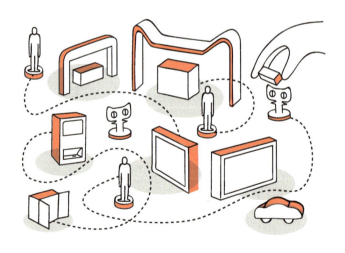

分子包括智慧快闪、智慧门店、智慧展馆、动线、关系、玩法。每个分子都是上述不同原子根据当时当地物理条件的合理组合。

场景的原型是现场、近场、远场，包括线上商圈和线下商圈。

短短两个月内，从泡沫板模型到卡纸到 3D 打印原型，从快速的抽象化的表达到手工绘制的智能界面，进而做出精细化呈现整个服务链路的原型，桥中迭代了五个版本，最终推出了新零售工具箱。

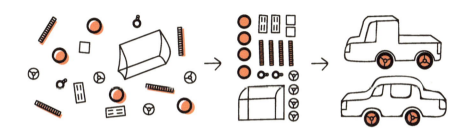

茶山对这套原型给予了高度评价，对其使用场景给予了建议：实体店物料部署、智能硬件的应用和场景规划。茶山准备在接下来的所有新零售共创中，都用这款原型来跟大家有参与感地"手谈"："有了它，在早期，品牌商可以用来建立对新零售的理解和信任，减少试错成本；在实施期，可以用来迭代和打磨，管理和运营团队用以预演，深入讨论可能出现的问题，兼顾整体动线安排；在复制期，可以大大提升效率，最终实现消费引流、提升复购率。"

对于整体服务而言，一个概念可能会是一个涉及线上线下无数触点的、多个方面的复杂系统，需要厘清不同原子之间的关联和相互作用，才能搭建原型。这样的原型，将原子拆到极细，原子到分子和分子到组织的组成过程越顺利，分子组合就越多样，组织就越灵活，拥有的可能性就越丰富。

正如特斯拉的创始人，硅谷钢铁侠埃隆·马斯克（Elon Musk）的第一性原理："用物理学的角度看世界，也就是层层拨开事物的表象，看到里面的本质，然后，你再从本质一层层往上走。"马斯克正是用这个第一性原理拆解电动车和火箭，创办了特斯拉和太空探索技术公司（SpaceX）。

6.2.6 原型让用户"吐露心声"

不在最逼真的环境下,用户不会展示最真实的感知。"不会展示"不代表"不想展示",而是你给出的概念和用户脑海中的很可能不一样,尤其是细节部分,他们不会意识到自己是不是真的需要你给出的东西。

芬兰最大的连锁药店 Yhteistyöapteekit（YTA）,在全国开设了 120 多家药品零售店。整个行业的处方药销售利润都在下降,他们逐渐意识到,销售利润开始减少很可能是因为服务模式已经过时了。他们将改造项目命名为"人民的药房"。

YTA 原本的药品罗列方式和我们见到的一般药店无异,工作人员都躲在柜台后面招待顾客。有一些小病小痛,只是去药店买一点药,但要排队很久的顾客（我们称为"快顾客"）,和以老年顾客为主的,慢性病居多,空闲时间多,喜欢和医师聊病情的顾客（我们称为"慢顾客"）需求不同,但因为没有分流而产生冲突。快顾客不能在药店快速地达到买了药就走的目的,慢顾客也不能充分地得到他们的信息,还要担心后面的顾客会不耐烦。

根据这个情况,团队提出一个概念：让快顾客和慢顾客分流。

他们做了一个手绘的效果图：空间是开放式的,不再有柜台；对需要咨询的顾客来说,有个专门咨询的区域,是私密的空间,可以保护他们的隐私；处方药和保健品区分开,对应的服务员也区分开来,保健品能让顾客更多地停留、咨询,处方药只做快速售卖。

接下来的步骤,他们把图纸呈现的所有内容做了一比一还原,并进行了用户测试。

在原型中,有一个桌子是从上到下半圆合拢的,原本是为了提供完全隔离的私密空间，并且采取能吸音的昂贵材料制作，以保护咨询者的隐私。

但是在做用户测试的时候，用户却说，"看到这样的一个空间我不会想要走进去，因为这样的空间给我的感觉很严肃，好像生了严重的病，需要在里面聊很长时间。我也不那么在意墙面是不是完全吸音的，只要外面的人听不见里面的对话就可以了。"

这个看似很周到的概念，并没有得到用户的青睐。当真实的情况展现在他们面前时，他们会发现这并不是自己想象中的样子。

根据用户的反馈，这个部分最后设计成了半开放的状态，用有弧度的一半圆形来遮挡，在外面的人看不到桌上的药。原来吸音的材料，考虑到成本过高和顾客的反馈也没有使用，改成了用背景音乐来保护隐私，外面的人需要靠得很近才听得到里面的对话。

经过基于原型的真实用户的多轮测试和迭代，这个概念逐渐完善了起来。柜台进行了更细致的区分，半圆形柜台是咨询柜台，三角柜台用于快速支付；最佳分流方式也浮出水面，门口主要为快顾客服务，更多陈列处方药和常用药，深处引流的地方可以逛保健品，慢顾客和咨询医师有更多的交流机会。

经过改造后的 YTA，取得了 300% 新健康服务的销售增长（主要来源于保健品），因为慢顾客通过足够的医师交流，有更多的时间咨询和决策；快顾客服务效率提升，所以处方药销售也增长了 69%，客户总量增长了 47%，客户高度推荐率增长了 80%。人民的药房项目成为全球服务设计联盟（SDN）2015 年度服务设计案例。

这个故事的精髓就在于，通过不断地进行用户测试来进行原型迭代，而不是内部讨论和头脑风暴。当有了真实的模块模拟，我们能观察到用户在动线里的动作、行为，从而做出最符合需求的改变。

6.2.7 赫尔辛基机场是如何成为世界最佳机场的

当辛辛苦苦做出来的原型经过测试以后并不奏效时，千万不要沮丧，因为原型失败帮你省掉了真正上市以后可能会带来的巨大耗资，让你知道你的概念不完美，需要通过迭代来让它变得完美。

如果你有 200 个想法，但最后只能实行 5 个，你会怎么选呢？是和自己的团队成员一起，从内部的成本、可行性等方面考虑，还是请用户参与，选择用户想要的？

被国际航运协会（IATA）评为世界最佳机场的芬兰赫尔辛基机场，希望成为旅客在北欧的首选过境机场。机场管理层从旅客及员工那里收集了超过 200 个优化机场服务的建议。

那么，问题来了——概念这么多怎么选，要实现哪些，舍弃哪些呢？要花多少时间、人力及预算？万一实施结果旅客不满意怎么办？

于是团队决定，在机场里建立一个"旅行实验室"来测试概念，而不是闭门造车。

团队和旅客、内部的利益相关者一起：

第一轮，先把这 200 个概念筛选到 50 个。

再进行用户测试，留下 15 个最合适的概念。

进一步提炼并制作成 12 个服务原型，邀请用户参与。

梳理分析这一轮测试结果，从用户体验、原型可靠性、概念紧急程度、性价比和内部发展战略的一致性这几个维度综合考量，经过概念优化和优先排序后选择 5 个落地（见图 6-10）。

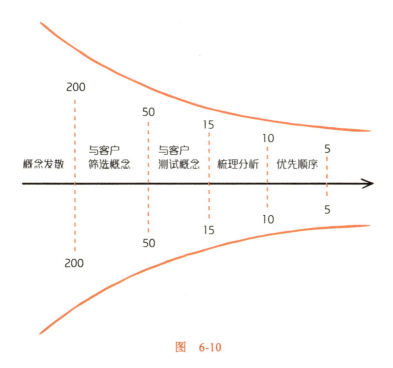

图 6-10

其中有许多概念，如果未经过用户测试直接实行，将会是一笔巨大的损失。但在用户测试环节失败的概念，如果在测试之后经过概念深化，却很可能带来不一样的惊喜和价值。

比如，某团队曾经策划为候机的旅客提供瑜伽服务。在问卷测试环节，大部分旅客给出了积极的反馈，都表示很喜欢这个概念，愿意为这个服务支付 10 欧元 / 次的费用。但当团队请了瑜伽老师，在机场辟出一块区域做出原型的时候，几乎没有人愿意为这项额外服务支付费用。

团队迅速对这个概念进行迭代，结合机场市场推广的战略考虑，瑜伽服务不再是一个收费项目，而是减少频次、联合供应商一起为旅客提供的免费服务，最终推广了机场品牌，成为旅客青睐的品牌服务。

咖啡服务也是类似。旅客最初提出希望在候机的时候能够获得咖啡服务。当问到需要什么咖啡的时候，绝大部分旅客都脱口而出黑咖啡就好。但当测试原型咖啡车做好，基本没有人满足于黑咖啡，大都选择了各种花式咖啡。最终大家取消了这个概念，回到最初旅客去附近的咖啡店购买咖啡的状态，只是指示旅客最近的咖啡店在哪里。

在整个赫尔辛基机场项目里，有 900 位旅客参与到设计和改进服务体验的过程中。这个项目最终为机场节约了 1200 万欧元/年的成本，吸引了超过 500 万个推特用户，获得全球超过 80 家刊物的报道，国际乘客数量增长了 3%，还获得了两项大奖：芬兰年度最佳设计奖和纽约的全球服务设计奖。

赫尔辛基机场的资深副总裁维尔·哈帕萨里（Ville Haapasaari）[⊖]表示："我们停止了假设，着手尝试。因为旅行实验室的建立，我们更有勇气去尝试并评估客户体验。"

6.3　服务好不好，长期评估说了算

迭代不是单纯功能的叠加，每一次迭代的起点都要回到洞察用户需求和痛点，再一轮轮筛选、完善、测试概念、打磨用户体验，才会成为产品和服务的助燃点。迭代也不是一次性的行为，当产品和服务真正投入使用以后，只有持续追踪用户的最新反馈，让用户留存并活跃，才能不被行业抛下。在互联网行业，日活和转化率是其市场估值的核心基础。

但是，总有人会说："我设计了很棒的服务体验，迭代了很多次，但是，我怎么判断它的价值，并确认它是否达到了最初的预期？"

[⊖] 2018 年 4 月，维尔·哈帕萨里调任赫尔辛基港（Port of Helsinki Ltd）总经理。

我们都知道，对于服务型企业来说，更高的收益要基于用户忠诚度、满意度和更高的推荐率；而更低的成本要基于更低获客成本和更低人力、物力、财力等服务成本。

基于这一点，我会在本章介绍几个工具，从不同角度对我们服务设计的成果进行评估。

6.3.1 让用户直接评价

既然设计出了服务，最直接的方式就是让使用者，即我们的用户来评价。最常用的三个指标分别是净推荐值（net promoter score，NPS）、用户满意度（customer satisfaction score，CSAT）和用户费力度（customer effort score，CES）。

1. 净推荐值

这个数据可以让企业知道，自己的用户会有多大的可能性向其他人推荐你的产品或服务。数值越高，用户忠诚度就越高。NPS 可以帮你找到高忠诚度的用户，尤其是老用户。

NPS 是检验品牌受欢迎程度的重要指标，根据愿意推荐的程度让用户在 0～10 分之间进行打分，从推荐者与贬损者的百分比差值来计算。

评分在 0～6 分之间的是贬损者，他们对服务不满意，更糟糕的是，他们可能会传播负面评论。被动者落在中间的某个位置，分数为 7～8，他们对服务比较满意，但不乐意积极向同行推荐你的服务。而分数在 9～10 之间的被称为推荐者，他们愿意与他人积极分享服务并向他人推荐，自己也更有可能频繁地使用（见图 6-11）。

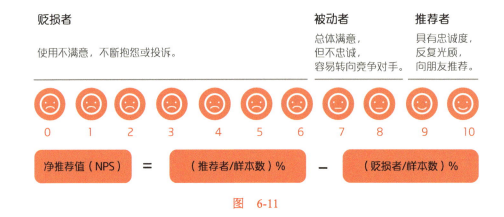

图 6-11

由于 NPS 是服务的整体满意度，而非针对具体某一项活动或服务，建议定期（每季度或每半年）向用户发送 NPS 调查，确保将调查随机发送到所有用户群的样本中，而不仅仅是最近有互动的样本。已有不少公司，例如荷兰泛航航空公司（Transavia Holland N.V）和全球最大休闲旅游公司德国途易集团（TUI Group）都发现 NPS 增加与净收入增长之间存在正向关联。

提升 NPS 是一个系统工程，不仅要求方案设计者具有扎实的理论基础，同时还要有丰富的实践经验作支撑。

2. 用户满意度

第二个指标是用户满意度（CSAT）。

爱尔兰银行曾经做过统计，"10 位用户中有 3 位可能对我们表示不满意，如果不满意用户能减少到 2 位，客户流失将减少 41%，服务取消率将减少 7%。"

为了获得 CSAT 分数，我们会向用户询问他对刚刚接受的服务的满意程度，一般采用评级 5 分制或 7 分制的李克特量表，或者 1%～100% 的量表。

在 CSAT 调研中，一般还会附加其他问题，让用户回答一组问题或者完成一份详细的问卷，深究满意或不满意的原因。这意味着，与 NPS 不同，CSAT 可以在服务改进机会上，为我们指明重要的方向。

> **·小贴士·**
>
> - 净推荐值（NPS）VS. 用户满意度（CSAT）。
> - NPS 衡量忠诚度，一般采用周期性测量。
> - CSAT 衡量用户满意度，更侧重用户对即时交互的反馈，在每次服务交互之后询问 CSAT 问题更为常见。

3. 用户费力度

在 NPS 和 CSAT 分数专注于评估是否为用户创造更愉快的体验时，用户费力度（CES）主要用来评估用户在接受这项服务中所需要付出的努力是否减少了。

用户费力度是服务领域一个比较新的名词，由国际组织学习机构——公司执行委员会（Corporate Executive Board）提出。跟踪用户在接受服务过程中的工作量可被视为每项服务交互的重要业务目标，你为用户省时省力，他们自然有一种"真贴心，你为我着想了"的被关爱的感觉，因此会获得更好的体验。

我们可以来看看微信红包的例子。不管是过年还是平时，微信红包已经成为聊天中不会被忽略的功能。只要点击聊天界面对话框右边的"+"号，就可以找到"微信红包"的功能了。

事实上，在微信的初始期，"微信红包"的功能是在"我的"—"支付"

界面里，和许多其他的服务一起以九宫格的形式排列。团队意识到功能在这个界面里"藏得太深"，用户懒得操作，甚至根本找不到，应该让发红包的入口离用户更近，更便于用户操作，于是，把红包功能迁移到了聊天界面的入口。

入口的改变，让用户一眼能看到红包功能，自然也提高了使用的频率。微信红包也在不断地通过减少用户费力度的迭代，实现了日收发总量从 0 到 22 亿个[一]的突破。

在用户越来越"懒"的今天，减少费力度对他们来说越来越重要。

为了确定 CES 分数，我们可以在服务互动后提出以下问题："在 1 到 5 的等级中，5 代表最费力，1 代表最轻松，请指出您完成某项任务所需的总工作量。"取算数平均数来测算 CES 变化。

甲骨文公司（Oracle）的研究表明，当用户的费力程度较低时，客户满意度从 61% 上升到 93%。此外，CES 降低 1 分（分数降低 20%），回购意愿增加 14%。

对于这个指标，我们从服务设计的角度有一些使用的建议：

（1）把用户旅程图作为框架，并在每个阶段进行 CES 的分析，这样可以针对每一个具体的阶段和触点，更有针对性地降低用户的费力程度，提升整体的体验。

（2）补充询问，更细节地了解用户觉得费力的原因。

（3）用客观事实说话。有时候用户的感知是模糊的，具体的事实更能说明问题，我们可以从一些客观的角度去衡量，比如完成任务的成功率、完成任务花费的时间或错误率等。这些数字能客观地展现出用户在完成任务或

[一] 中国新闻网. 中秋微信红包收发总量达 22 亿个创新高 超过除夕两倍 [Z/OL]. (2015-09-28) www.chinanews.com/cj/2015/09-28/7548901.shtml.

交互时，在哪里遇到了困难和障碍。

6.3.2 好的服务不只有用户看得到

好的服务不仅能从用户那里获得好的反馈，从组织内部也能看到变化。可以思考一下你自己组织中的绩效指标，它们是如何受用户体验影响的？我们认为可以通过财务指标（比如用户终身价值 CLV）、服务成本（CtS）和上市时间（TtM）来衡量。

1. 财务指标

财务指标通常比任何指标更有穿透力。比如，研究表明，55% 的用户愿意为更好的体验支付更多费用，从而能够提高利润。用户保留比用户获取成本更低，而良好的用户体验可以提高用户忠诚度并提高用户保留率。

财务价值的关键指标是用户终身价值（customer lifetime value，CLV），它是每个用户在未来可能为企业带来的利润预测。许多业务关键绩效指标都会对用户生命周期价值产生影响，例如利润率、交叉销售率、用户留存率、流失率等。

计算 CLV 的方式因组织而异，可以从简单的原始启发式到复杂的计算。无论哪种方式，它都显示了服务设计工作对企业收入效益的影响。

2. 服务成本

服务成本（cost to serve，CtS）指标侧重于为特定用户提供服务所需的所有成本，包括面向用户的前台员工的人力，销售代表或内部系统的成本，以及通过数字化人工智能实现自动化，最终降低成本。美国第三大电信运营商斯普林特（Sprint）表示，通过改善用户体验，他们的用户服务成本降低了 33%。

从服务角度考虑降低成本的第一个工具是服务蓝图（参见第 5 章）。通过绘制出为用户提供服务所需的内部流程，可以明确内部提高服务效率的机会点，有助于确定服务过程的最大成本，以及针对性减少成本。

可能会有设计师说，服务设计并不是为了降低成本，而是为了改善用户体验，但提升运营效率、降低成本是公司存在的基本使命。

3. 上市时间

设计效果有个关键绩效指标经常被忽视，这就是上市时间（time to market，TtM）。随着新产品和服务的增长以及被行业内竞争对手不断复制，服务推向市场的速度往往是一个重要的差异化因素。

荷兰服务设计公司库斯（Koos）就曾经运用服务设计的方法，帮助荷兰的汽车租赁公司 Just Lease 缩短了服务上市的时间。

在 Just lease 创业初期，团队建立了一个原型网页：一个后台系统未开发完全的页面，但用户能在谷歌上搜索到他们，并且能拨打他们的联系电话。团队成员接到用户的电话后，人工为他们匹配租车顾问，完成租车服务。根据这个原型测试市场有效性，团队迅速改进了核心服务能力。这个服务原型测试将 Just Lease 原计划推向市场的速度提升了一倍。

同样通过使用服务设计，全球十大人寿保险公司之一，荷兰全球保险集团（AEGONN.V.(NYSE:AEG)）将开发最小可行服务（minimum viable service，MVS）的时间从 9 到 12 个月缩短到仅仅 13 周。

在这个快速变化的时代，时间对于企业来说尤其珍贵，更快速地把更新、更好的服务呈现给用户，是企业保持领先的前提，自然也能带给用户更好的体验。

6.4 通过迭代释放你的商业想象力

费尽心思提升用户体验是为了创造新的商业价值,不能带来商业价值的体验都是耍流氓。迭代则帮助企业落地原型、突破原有边界,将用户服务体验和商业价值的结合落到实处。

6.4.1 产品迭代促成商业模式迭代

迭代的过程中,当商业模式随之发生变化时,你的商业想象力是不该受限的,这些可能性很可能会变成新的机遇,成就新的商业和社会价值。

中国儿童财商教育的领跑者佰特教育成立于 2015 年。在企业化运营之前,佰特作为公益机构一直在全国各地授课。然而,创始人王胜很快看到了危机:教师授课内容难以标准化,作为非核心课程,教师流失率大。"培训 100 个老师只有 20% 的成功率,一年以后这 20 个老师里又只有五六个会继续上课，衰减非常大。"

为了将课程标准化，方便用产品化方式传播，佰特设计并生产了第一款财商桌游"超级兔子"。然而，初代"超级兔子"更像是变幻了主角的"大富翁"，与佰特为自己设立的更高目标——传播财商教育理念相去甚远。

了解桥中和服务设计概念之后，佰特迅速开始实践。

首先，桥中确认孩子为佰特的核心用户，而非家长、教师、校长等真正买单的人。因为，一个理念再好，再多人愿意买单，如果直接用户不喜欢，终归是无源之水，长不了。

从孩子的视角和心理出发，把需要传达的财商理念归纳成三大核心意识：责任意识、风险意识和创业意识，并以有趣的形式融合进游戏故事线中。过程中对目标用户进行再次测试和共创，提出一系列改进建议。一轮轮的迭代之后，"超级兔子"升级成为"财富魔法兔子"。

产品一推出市场，就在各大教育展、金融机构受到热捧。佰特教育从原来 2B⊖的商业模式拓展到 2B 和 2C⊖双重市场。

佰特的收益不仅于此。2016~2017 年中国教育投资崛起，佰特 2C 市场成长起来后，2B 端的需求也不断上升。考虑到之前培训教师的困难，佰特用服务设计重新梳理了之前输出的课程产品，标准化并升级课程内容，将桌游和儿童阅读（书）、儿童盒子（教育工具包）一起打包为佰特的金融创客工具箱，让老师在最少的培训场景下，尽可能地提供标准化的教学服务，引导小朋友在玩中学。

财富魔法兔子成为 2017 年中国教育成果公益博览会十大创新教具，金

⊖ 2B 即 business-to-business，是指企业与企业之间通过专用网络，进行数据信息的交换、传递，开展交易活动的商业模式。
⊖ 2C 即 business-to-customer，中文简称"商对客"，直接面向消费者销售产品和服务的商业零售模式。

融创客工具箱也升级成为金融创客实验室,再加上 2B 和 2C 端商业模式的双重升级,佰特教育自然而然地成了中国财商教育市场的领军品牌,并开始在凯叔讲故事、京东众筹、支付宝小钱袋上销售。

教育的千人千面

建立新的商业模式,打开全新的市场,这才是迭代最厉害的玩法。创始人王胜也说:"服务设计重新定义了佰特教育。"

6.4.2 在失速点到来之前,有远见地迭代

所有公司都在寻求增长。被称为创新理论鼻祖的约瑟夫·熊彼特(Joseph Alois Schumpeter)曾说:"无论你把多少辆马车连续相加,你都不能造出一辆火车来。只有从马车跳到火车的时候,你才能取得 10 倍速的增长。"

当原有的业务曲线增长面临"极限点",也是"失速点"⊖的时候,就难以在原有的曲线里连续进步,这时候"只有 10% 的企业能够重新恢复增长引擎"。

当第一曲线的增长已经面临困境的时候,就该迭代原有的业务模式,开启"第二曲线"。

⊖ 参见马休·奥尔森和德雷克·范·贝弗的《失速点》。

全球最大的在线影片租赁服务商奈飞公司（Netflix）一直是"第二曲线"实践的楷模。自从上市以来，奈飞的市值增加几乎是指数级而非线性级的变化。它是如何通过商业模式迭代实现强劲增长的？

1997年，奈飞以DVD租赁业务起家。到了2007年，DVD还如日中天时，公司内部却发现了一个令人沮丧的预测结果，到2013年，DVD的业务会到达极限点，必物极而反。

彼时，流媒体刚兴起，奈飞毅然投资3000万美元开发流媒体业务Watch Now，股价应声下跌，华尔街骂声一片。但当2010年流媒体业务开始发展起来，而DVD业务持续下降的时候，大家都惊叹于创始人的远见。

第二曲线让奈飞重新焕发活力，找到新的增长点。在发展流媒体时，2008年，奈飞和付费电视公司星光电视台（Starz）⊖达成协议，每年支付3000万美元的版权费用，让奈飞用户可以在网上直接观看大量索尼和迪士尼的电影。2011年到期时，星光电视台要把收费涨到3亿美元。而实际上，2011年奈飞支付了7亿美元的版权费，2012年这个数字达到13亿美元，2014年更是突破了20亿美元。奈飞怎么测算都很难盈利，这迫使他们重新思考自身价值和定位。⊜

考虑到当时美国电影业正处于萧条期，许多资深电影人都处于空窗期，久处影视宣发终端的奈飞开始思考，是否可以走向上游，利用自己的发布渠道，联合上游制片方，一起打造更适合观众的作品——这和奈飞最初对自己的定义，视频内容供应商，并不冲突。于是奈飞开始了第三条增长曲线，自己投资拍摄原创剧，于是有了火遍全球的《纸牌屋》《女子监狱》。

再把这三条曲线和奈飞增长的市值之间做一个对应，第一次"下跌再上

⊖ 美国有线付费电视频道，主要播出好莱坞大热电影，同时播放一些原创剧集。2013年8月，在美国约24.90%付费电视服务的家庭接收了Starz电视台的主要频道。
⊜ 刘亚澜. Netflix如何成为硅谷的"好莱坞"[EB/OL]. 腾讯科技，2017-05-05.

扬"是因为进入流媒体领域,第二次"下跌再上扬"是因为推出了原创内容(见图6-12)。

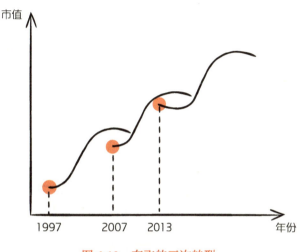

图6-12 奈飞的三次转型

《创新者的窘境》的作者克莱顿·克里斯坦森(Clayton M. Christensen)说,奈飞是少有的几家真正颠覆式创新的公司。奈飞的创始人里德·哈斯廷斯(Reed Hastings)的洞见和远见让他知道,对于一家想要持续保持高速增长的公司,迭代不仅仅是对于已有业务、产品和服务的改进,而很有可能是商业模式的变革,就像奈飞完成了从DVD租赁商到流媒体服务商,再到内容创造平台的华丽转身,这是一项长期的事业。

6.5 工具:迭代

6.5.1 故事板

故事板是以用户为主要角色,以爽点、痛点或者产品、服务与用户的互动为剧本发展的"场景分镜头",是讲故事时候的重要道具。它是来源于电影和动画行业的传统工具,就像分镜头手稿那样,展示了各幕镜头的关系,并安排剧情中的重要特写镜头。这种通过一系列绘图将不同的使用场景串联成故事的方式,可以将解决方案、核心服务流程、洞察思考和体验亮点等进行描绘,旨在帮助团队更好地讲故事。例如,外卖订餐 App 的故事板包含的子场景分镜头有注册、下单、付款、等待、收外卖、吃外卖、评价等。

某种程度上说,故事板就是可视化的用户旅程图,只是表现形式不同。常用的故事板有手绘漫画式和可操纵的木偶式。手绘漫画中每个格子代表一个场景,而手绘卡片(例如将画好的角色、物件按轮廓剪影)加上布景,就能变成可以操纵的木偶式故事板,像立体的舞台,可以一边说故事,一边移动卡片。

在测试新产品或服务之前,故事板可以帮你更生动地与内外部利益相关

者展示和沟通方案。

如何绘制故事板？

（1）选定项目需要的目标用户作为故事板的主要角色。

（2）定义产品服务的核心场景。选一个最核心的，或选定几个核心场景串成故事的发生地点。以金融转账服务为例，场景就有在家、在手机端、在电脑平台、在营业柜台、在自助设备上等。

（3）确定用户在不同场景中的目标，达成目标需要分成的任务决定了场景篇幅与场景主题。

（4）全面思考还会有哪些场景（6~10个为佳），为你每个格子框内的场景内容加上小标题或主题描述。

（5）开始绘制时可以尝试从大到小先画空间，再画人，最后画物件。

（6）最后可以添加一些辅助元素，例如人物的表情，增强用户当下体验情绪的表达，设备的用户界面（UI）展现内容细节，品牌或产品的商标（logo）营造代入感等，让故事板的可理解性更强。

· 小贴士 ·

- 故事板本身是一种快速表达想法的方式，不用为了效果精致逼真而花费大量时间打磨形式本身。

- 故事板往往都要配合故事讲述（storytelling）来操作——你可以一边向客户或团队伙伴展示故事板，一边讲述整个故事，让对方更深入地理解。

- 用故事板来传达服务内容时，不要让画面看起来元素过多而导致条理不清晰。确保重要的信息都在一个简洁、系统和可理解的故事情节里。

6.5.2 桌上演练

如果说故事板是平面示意图，那么桌面演练（desktop walkthrough）就是个三维故事板，能够随时补充新的想法，更快速地移动和判断。它可以看成是帮助设计者模拟端到端用户体验的互动式的迷你剧场。材料通常选择能适合桌面大小的小型 3D 立体模型，例如乐高、积木、黏土、折纸等实体物件。这些材料能方便在任何桌上搭建来演练服务情境和传递想法。

如此反复地演练，可以激发团队的设计灵感，调整现存的服务问题或打磨新的服务概念。同样重要的是，可以和你的客户一起来演练需要递交的服务概念。

和故事板的应用场景类似，桌面演练也是概念展示的一种辅助形式。

如何进行桌面演练？

（1）用目前服务概念中任何一个有步骤的版本开始呈现（例如用户旅程图或故事板），减少在细节上耗费的精力。

（2）选定环境比如诊疗室、街道、地铁枢纽。确定服务中包含的可见物件，如印刷品、产品、展品、POS 机（又称销售终端）。参照你的用户画像或典型用户，定义主要的角色，同时可以参照利益关系人地图定义需要出现在不同环境中的角色关系。

（3）按比例缩小搭建空间场景，再搭建场景接触点的物件。

（4）为每个角色制作一个"形象"，至少有一个用户和其他利益相关方。

（5）使用制作好的人物和道具来演练服务，演得越真实越有改进和创新的机会。

（6）用照片或视频记录演练中最新版本的服务体验。

> **· 小贴士 ·**
>
> - 演练的目的在于以极低成本求证服务概念假设，所以此时要勇于去随时改变这个"服务概念迷你剧"的任何一部分，角色、环境场地、脚本等。
>
> - 考虑演练的操作性，关键触点中的物件可以按比例放大以便于抓握使用。
>
> - 确保用于演练的桌子不太大，每个人都可以站在它周围进行搭建或演练。

6.5.3 数字模型

数字模型是用马克笔和纸张快速制作的数字解决方案原型，比如线框图等。随着数字科技越来越渗入我们的日常生活中，很多服务设计的解决方案也依靠数字软件或平台媒介。数字模型便是测试服务中关于数字触点原始方案的好方法。

数字模型制作起来并不难,不需要编程,例如制作原型交互的软件 POP App⊖;制作数字以及粗糙的模型 myBalsamiq⊜;制作更加真实的数字模型 inVision⊜等。

利用这些工具以及一些手绘界面的组合,可以向你的目标用户群体呈现数字服务,进而以此进行迭代测试。制作利于快速迭代服务原型并进行多次测试,以此验证不同的服务内容。

如何制作数字模型?

(1)回顾任何有具体流程与活动步骤的服务形式(例如用户旅程图或故事板),明确每个活动步骤背后要达成的目标。

(2)定义用户完成目标的每一步动作(特别是有意义的关键动作),绘制在不同步骤用户看到的真实数字界面。

(3)进行拍照或者置入硬件模型框架中(如手机、电脑的模型框架)。如果你没有交互设计的背景,在纸上画原型时可能会很容易忘记一些按钮或者是其他导航所需的交互元素,所以在拍照之前记得对这一部分进行检查。

⊖ POP 即 prototyping on paper,POP App 是一种数字模型应用程序。
⊜ myBalsamiq 是一种数字模型应用程序。
⊜ inVision 是一种原型设计协作工具,最终变成一个基于产品的沟通协作平台。

（4）利用原型软件或绘制界面，对交互流程及逻辑进行说明和测试。如果需要专注于某个特定交互细节的反馈，例如某种颜色和形状，那么此时的原型越逼真越好。

（5）透过观察和记录用户与这些界面的交互来测试数字模型。然后，迅速调整屏幕内容，对原型进行快速迭代。

6.5.4 戏剧原型

戏剧原型是用表演的形式，辅助一些简单的道具来模拟搭建服务场景，展示服务内容，把服务体验概念带入日常生活场景的检验方式。 它之所以被认为是研究情感、时间、语调和空间使用的实用性有力工具，是因为服务的本质在于提供者与接收者共同创造价值交换，在过程中不断地产生互动和交流，例如零售、医疗、酒店或咨询服务。

戏剧原型应用起来非常快捷。用户可以使用一些简单的材料，比如纸板，或者现有的一些小道具，甚至真实尺寸的家具来模拟搭建服务场景和设

备，主旨就是让参与者在这个相对还原的服务情境中扮演用户或者服务提供者。在有详细脚本的情况下可以表演原型，或者是即兴演出。

这种沉浸式的优势在于可以展现更多真实情绪，非常适用于测试以及发展互动细节，因为人与人的角色表演有着与真实情况几乎一样的时空尺度。依照自身的时间与资源，可以按服务流程的阶段，搭建好有序出现的场景来进行一系列服务内容的测试。

如何使用戏剧原型？

（1）回顾任何有具体流程与活动步骤的服务形式（例如用户旅程图或是故事板），明确每个活动步骤背后要达成的目标。

（2）定义达成目标需要的主要角色（可以同时参照你的典型用户或利益关系人地图）；定义环境，比如诊疗室、街道、地铁枢纽；确定服务中包含的可见物件，如印刷品、产品、展品、POS 机。

> **· 小贴士 ·**
>
> - 将用户当作测试者时，应使用事前准备的详细脚本来保持测试中所有动作的一致性；将用户当作设计贡献者时，让表演脚本尽可能灵活，并且在每次迭代中提升。
>
> - 参与者在公众面前表演，可能会不自信或不舒服，因此前期搭建一个安全的环境非常重要，此时还可以准备一些热身的破冰活动。
>
> - 当开展演练时，可以适当地选定成员扮演两个角色——"观察者"与"导演"。观察者以中立的姿态独立观察，来平衡判断角色扮演者的某些偏见，向团队反馈；而导演则以上帝视角，在不同想法碰撞时进行决策，例如停止演练来针对服务问题具体讨论或对角色进行更改替换。

（3）利用现有空间和家具或者纸板等手工材料制作道具，搭建真实尺寸的粗糙场景。

（4）为参与者分配角色，至少有一个用户或更多的其他利益相关方。

（5）表演一次，同步观察，快速改进。表演过程中可以改变任何道具、角色或动作，然后重复直到满意。

6.5.5 用户测试

用户测试，顾名思义就是，在产品或服务交付用户之前，站在用户的角度进行的一系列使用测试。这是一种以用户为中心的设计验证方法。

通过观察和访问用户使用情况，界定出可用性问题。它可以帮助我们判断产品能否让用户很好地使用和接受，是否符合用户的习惯，还是会让他们抗拒。其最主要的目的是发现设计中存在的可用性问题，并通过优化迭代，不断提升产品的用户体验。

如何进行用户测试？

（1）测试前的准备工作。

- 用户招募：一般情况需要招募 5~8 名用户。这些用户中需要包含不同类型客户的代表。5~8 名用户的测试可以得到大部分的反馈，越多的用户参与将更能提高反馈的完整性，用户招募的人数需综合考虑时间、招募难度、费用等。

- 准备记录工具，如纸、笔、摄像机或手机、录音笔、测试表格等。

- 准备用户测试场地，场地的选择尽可能让被测试者感到舒适，且不会被打扰。尽可能地模拟你的产品或服务可能发生的地点环境等。

- 明确你在测试中需要用户测试的是什么。

（2）正式进入测试阶段。

- 向用户介绍测试目的、流程、每个问题的回答标准等。

- 提出模拟真实使用场景的任务，一般情况下不超过 3 个。由不同的用户进行操作，测试者观察并记录用户对问题的描述，用户操作的步骤，过程中用户展露出的表情等，必要时可以向用户回放视频记录，激发用户提供更多有趣的过程反思。

- 询问客户使用中感觉好和不好的环节，以及他们的建议等。

（3）用户测试结果的整理与迭代。

这是最后一步，你需要将所有用户的反馈进行整理，提炼在测试过程中的重要发现，合并不同用户提到的共性问题。最终通过梳理找到问题，产生新的想法，并交由相关负责人按优先级迭代。

· 小贴士 ·

- 用户测试的介入时间要尽可能早，才能减少投入市场的风险以及进行更快速有效地迭代。

- 用户测试人数不是越多越好。

- 一个理想的用户测试中至少要有 3 个人参加，即 1 名用户、1 名主持人、1 名记录员。

- 如果你的产品很复杂，你需要将测试的优先级进行排序。

- 永远不要爱上你的产品，试着中立地进行测试，不要对用户进行引导性的提问。

尾　声

过去，多数企业都把设计错误地理解为让产品变得漂亮，而没有考虑到产品作为用户体验的一个高点，其前后联系着一整条完整的用户体验，更关联着背后的组织结构和企业文化。

在 2013 年国际设计管理协会（DMI）的报告中提到，研究人员用了 10 年时间跟踪研究设计与商业的关系。报告指出，设计驱动型企业，例如大家所熟知的苹果、耐克、百事等，它们的标准普尔指数（S&P）比一般企业高出 228%。这就是设计的价值。

1. 设计的价值

就像在消费市场，苹果是以 iPod、iPhone、iPad、iMac、MacBook 一系列颠覆性设计出名，但在硅谷，苹果绝不仅仅是工业设计做得好的产品公司，更是有着设计 DNA 的公司——谷歌 CEO 拉里·佩奇（Larry Page）上任之后向乔布斯学习，推动谷歌向设计驱动型品牌转型；国际软件巨头 SAP 2005 年起即在公司内发起设计思维主导的研发模式变革，并通过设计思维重构业务，包括用户体验、商务套件、产品、云和行业。

在美国"《财富》百强"中，耐克是首个由设计师出任 CEO 的企业。马克·帕克（Mark Parker）1979 年进入耐克公司，成为一名鞋子设计师。2006 年，他由主管设计的副总裁升任为总裁，把设计思维融入耐克公司从研发设计到制造、推广、销售、服务等运营与管理的全链条。

通过设计对组织和系统的改造和驱动，马克为耐克公司带来了巨大的商业成功：在多个运动鞋类别，尤其是跑鞋、篮球鞋和足球鞋，耐克皆处于世界领先地位。至 2015 年，全球销售额猛增了 70%，利润增长了 57%，公司的市值也涨了一倍多，他本人被《财富》评为 2015"年度商业人物"，荣登封面。

这也许很好地解释了，为什么现在顶级商学院都热衷于和设计师一起开设跨学科课程，帮助 MBA 像设计师一样思考，或是让设计师像 MBA 一样想问题。斯坦福的设计学院之所以在硅谷声名远播、成绩卓著，也是因为它们用设计为硅谷提供了必不可缺的创新思路和实操技巧，而不是大家通常所认为的产品设计。

企业界甚至掀起了一场"设计运动"。各类专业服务机构也不甘人后。2013 年，埃森哲收购了知名设计公司 Fjord○，普华永道收购了数字创新咨询公司 BGT；2015 年，麦肯锡公司收购了硅谷设计公司 Lunar，印度软件巨头威普罗收购了设计公司 Cooper、Designit；2016，日本最大的广告公司博报堂（Hakuhodo）收购了 IDEO30% 的股份，麦肯锡收购了 livework；2017 年有 21 家创意公司或设计师创业公司被收购，收购的主力军为大型咨询公司。

从前沿组织到学术机构，再到专业机构，设计以及传授如何将设计思维应用到所有领域的服务设计，越来越成为大家关注的焦点。

2. "服务+"时代

2020 年伊始，服务设计行业就传来了个好消息。商务部联合发改委、教育部、工信部、财政部、人社部等八部委联合发文：扶持服务设计。

文件提出：建设一批国家级服务设计中心。"服务设计"作为重点发展领域，与信息技术服务、电子商务服务、云计算服务、人工智能服务、文化创意服务、管理咨询服务、大数据等行业并行，描绘着中国经济的未来蓝

○ Fjord 是总部位于伦敦的设计公司。

图。这是继 2019 年 1 月，国家商务部将"服务设计"纳入《服务外包产业重点发展领域指导目录》、2020 年 1 月，国务院总理李克强主持召开部署加快服务外包转型升级、推动服务业优结构上水平的国务院常务会议之后，服务设计行业迎来的又一个重大利好消息！

如今，全球产业结构由"工业型经济"向"服务型经济"转型，设计的对象和载体、设计的范畴也在不断扩展、改变。服务设计在更广泛的领域、更深的层次为组织创新、产品研发、营销乃至整体商业模式的构建提供最直接的决策支撑。

根据《经济日报》发布的数据，"服务设计驱动的新兴服务进出口 14 600.1 亿元，增长 11.1%，高于整体增速 4.3 个百分点，占比达 31.1%，提升 1.2 个百分点。"

在"服务+"时代，作为前沿综合学科和新型外包服务行业的服务设计，将自此走上发展快车道，继续火力全开。

3. 设计融入组织，创新融入组织行为

国际设计管理协会有一个关于设计与组织的关系模型：设计只作为外部资源，是和组织分离的；设计作为组织的一部分，但是外围的；设计成为企业的核心，是中心的；设计思维融汇于企业的各个角落，设计和企业融合在一起。

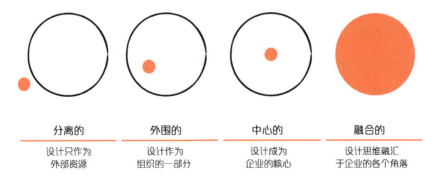

分离阶段：对设计思维处于观望状态，还未引入组织。

外围阶段：设计思维作为新的策略被引入企业，并开始有项目实践。

中心阶段：设计思维成为组织的核心，受到企业家、高管的高度重视。

融合阶段：人人都是创造者，设计思维全面融入组织的各个角落。

设计思维是用于创新和解决问题的方法论，而服务设计则是教你如何将设计思维应用到非物质领域，小到服务，大到组织结构。

4. CDO，公司里来了新物种

苹果作为一家设计驱动型企业，以其巨大的商业成就，极大地影响了世界对设计价值的认知，也提速了首席设计官（CDO）引领品牌设计创造力的变革。2015年5月26日，苹果宣布乔纳森·伊夫（Jonathan Ive）晋升为首席设计官，负责苹果所有的设计工作，包括苹果硬件、用户界面、包装、重大建筑项目如苹果园区和苹果零售店的外观的设计，以及新的思路和未来项目。

这位乔布斯时代就主管苹果设计，创作了无数经典的英国人不仅是苹果四位C级高管之一（另外三位分别是CEO蒂姆·库克（Tim Cook）、CFO卢卡·梅斯特里（Luca Maestri）和COO杰夫·威廉姆斯（Jeff Williams））。此外，公司还同步任命了两位设计副总裁，分别是主管硬件产品设计的理查德·霍瓦尔斯（Richard Howarth）、负责用户界面设计（UID）的阿兰·迪耶（Alan Dye），构成了全球企业中在顶层高管拥有三位设计师的最强架构，凸显了苹果对设计的重视。⊖

那么，什么是CDO，组织为什么需要在一堆CXO中，单独把设计列为

⊖ 郭丽丽，童慧明. 你的公司有首席设计官吗？[J]. 设计，2018(12).

一个核心元素，推出 CDO？

参观过造价 50 亿美元的苹果新总部的路透社撰稿人朱莉娅·洛夫（Julia Love）的观察或许可以为我们提供一个新视野：苹果新园区"对细节的重视令人惊讶"：弧形的玻璃幕墙隐藏着各种管道，对于木材的使用有一本很厚的指南，每块天花板都需要很多个批准步骤，连门槛处也被认真关注。"最令人烦恼的一个地方是门口，苹果想要它绝对平坦。建筑队再三解释其难度，但苹果不为所动。"

为什么要绝对平坦？一位前建筑经理说，因为苹果觉得，如果工程师在进入建筑物时必须调整步伐，那可能会让他们分心。

每个企业都会有产品设计、App 设计、店面设计、平面设计等不同设计种类和部门。统领跨部门的协作，让这些与消费者的关键接触点在呈现时，有一个完整而统一的形象，带给用户（比如苹果办公楼的用户即苹果员工）无与伦比的体验，并让每一个环节都能准确传达品牌的信息和价值观，这就是 CDO 的使命。

今天，诸如微软、谷歌、亚马逊这样的科技巨头，都从苹果的经验中看到：设计不仅可在产品、在创新项目的执行层面发挥作用，更可以在创新项目组织中成为整合各种专业资源的黏合剂，并在企业顶层规划品牌战略、文化的创建中发挥主导作用。

CDO 就是那个为企业带来颠覆性设计思维、周密的拓展以及实施策略，帮助企业更快速、更有方法地改造系统和组织的人。

英国设计委员会的首席设计官马特·亨特（Mat Hunter）认为：CDO 的神奇之处在于能够平衡定性和定量因素，平衡左脑和右脑的功能，在创新和商业价值中寻找平衡点。CDO 应该有足够的敏感度去研究事情是否正确、判断设计成果够不够好，更重要的是，拥有反对的权利，在关键时刻提出反对意见[一]。

为什么必须是高层主管？艺术性的设计师也官本位了吗？因为在任何实体，组织中都具有倾向于平稳的惯性，拒绝挑战和新的文化。如果得不到高层的支持，所有创新都将是镜花水月。

所幸，CDO越来越多地出现在我们的视野中，小米、阿里巴巴等全球顶尖互联网公司，在联合创始人的名单里都可以看到设计师的身影。设计成为高层战略，让设计有机会助力企业走向全系统创新。

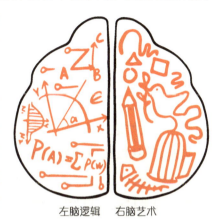

左脑逻辑　右脑艺术

DESIGN = DE$IGN

5. 不仅是企业，政府也开始引入服务设计，设计公共服务

英国是一个极其神奇的国度，它时而保守，时而创新。在服务设计于企业尚且是新生事物之际，它已经开始在政府体系内用服务设计来变革组织。

2014年，作为英国公务员改革计划的一个重要部分，政策实验室（Policy Lab）成立。这是一支在内阁府成立的小团队，由政策制定者、专题专家等组成，有独立的创意空间。在这里，英国政策制定团队可以尝试全新的工作方式，并测试工作方式的可行性[二]。

[一] 郭丽丽，童慧明. 你的公司有首席设计官吗？[J]. 设计，2018(12).
[二] 数据来源于英国政策实验室网站。

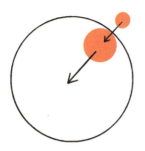

我们在这里尝试各种新的解决方案。如果这些点子有用,我们就会将其带到政府部门,并支持这些解决方案在不同部门得以更加广泛的应用。

"我们先在边缘实验(服务设计)这种新模式,如果实践证明其价值,我们将把它推进到内阁府其他部门,推动这种创新的工作方式在整个政府部门实施。"从以政府的专业知识为决策依据到大众经验知识的输入和共享,从政府独担责任到公众分担责任,从封闭到开放的工作方式,从告知性到参与性的决策过程,政策实验室每次都会先在组织的边缘试点,成功之后再扩大推行。

到 2017 年夏天,政策实验室已经和 5000 多位公务员在 20 多项政策上实践服务设计,为他们引进不同领域的专家,让政策制定能在一个更公开、数据驱动、数据化和以用户为中心的方式中进行。

这些政策大到如何应对老龄化社会,如何在 2020 年实现 1 万亿英镑的出口指标,小到如何减少学校的旷课率,都在政策实验室的日常探讨和解决范围内。

其中,**警察数字化(the police digitisation)**项目已经在英格兰和威尔士全面铺开,政策实验室的支持为项目节约了 370 万英镑。政策实验室还将他们研发出来的政策制定工具箱在政府网站公开,让更多人学习,一起参与改进。

定制培训项目和政府网络系统获得诸多奖项,更增加了政策实验室在英国政府乃至全球政策制定领域的声誉,不仅欧洲在寻求他们的成功经验,美国和澳大利亚政府也都在请政策实验室把他们的最佳实践经验分享给他们。

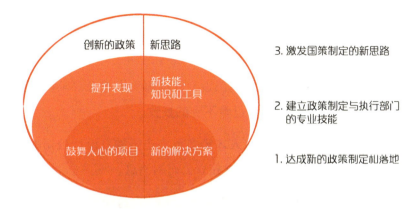

中国政府也开始用服务设计搭建移动端服务平台。由广东省政府发起并领导，腾讯及三大运营商共建的粤省事小程序就是一个基于移动端的聚合式政务服务平台。它集成了广东省各地市、各部门的多项民生、政务类服务内容；同时，它也承担着对不同政府部门、合作开发商、公众用户等多个相关主体的利益串联。㊀

6. 企业自有设计团队 vs 独立设计公司

目前在各行各业都能感受到企业组织创建和发展内部设计团队的趋势，对于这些自有的设计团队，他们的优势是：

- 全天候待命、随叫随到、全心全意。
- 比外人更了解自己公司、产品、品牌和战略。
- 方案可执行性更高。

而对于那些不属于某大集团，为多方服务、独立存在的设计公司，他们的优势则体现在：

- 不受企业层级和办公室政治的影响，可以跳出企业现实和约束。

㊀ 参见《重塑政务服务体验设计初探——粤省事小程序设计总结》。

- 冲破固有的思维模式，能提出直击核心的问题或者提出天马行空的方案。
- 接触不同行业，吸收灵感，他们是灵感和实践的授粉者。

这就是为什么有些企业即使内部设计团队再大，也会寻求第三方外脑，帮自己跳出窠臼看到行业之外自己看不到的景致。

当我们担心在资本、管理、人才等多重夹击下独立设计公司的存亡时，又传来了苹果 CDO 离开苹果，成立独立公司的消息。

乔纳森·伊夫从 1992 年起，在苹果公司工作了 28 年，曾是 iPod、iPhone、iPad、iMac 等多个系列产品的硬件产品设计负责人，伊夫离开苹果后，合作还会继续，苹果 CEO 库克对外提及："苹果将通过直接与伊夫合作，开发独家项目。通过伊夫所建立的充满激情和热情的设计团队，苹果将继续受益于伊夫出色的才能。"

今后企业内部的设计团队和独立的设计公司会承担怎样的角色？是否会此消彼长？也许在 VUCA 的未来，谁都没有办法给出确定的答案，但可以肯定的是，无论是来自内力还是外力，设计都将是实现企业创新变革的重大驱动力！

本书写了很多服务设计的理论，但服务设计归根结底不是纯理论的学科，结合实践方能出真知。

我们即将出版服务设计系列丛书之 2：《好服务，这样设计：23 个服务设计案例》，让我们共同期待服务设计的实践应用案例吧。

商业设计创造组织未来

书号	书名	定价
978-7-111-57906-9	平台革命：改变世界的商业模式	65.00
978-7-111-58979-2	平台时代	49.00
978-7-111-59146-7	回归实体：从传统粗放经营向现代精益经营转型	49.00
978-7-111-54989-5	商业模式新生代（经典重译版）	89.00
978-7-111-51799-3	价值主张设计：如何构建商业模式最重要的环节	85.00
978-7-111-38675-9	商业模式新生代（个人篇）：一张画布重塑你的职业生涯	89.00
978-7-111-38128-0	商业模式的经济解释：深度解构商业模式密码	36.00
978-7-111-53240-8	知识管理如何改变商业模式	40.00
978-7-111-46569-0	透析盈利模式：魏朱商业模式理论延伸	39.00
978-7-111-47929-1	叠加体验：用互联网思维设计商业模式	39.00
978-7-111-55613-8	如何测试商业模式:创业者与管理者在启动精益创业前应该做什么	45.00
978-7-111-58058-4	商业预测：构建企业的未来竞争力	55.00
978-7-111-48032-7	企业转型六项修炼	80.00
978-7-111-47461-6	创新十型	80.00
978-7-111-25445-4	发现商业模式	38.00
978-7-111-30892-8	重构商业模式	36.00

商业模式的力量

书号	书名	定价	作者
978-7-111-54989-5	商业模式新生代（经典重译版）	89.00	（瑞士）亚历山大·奥斯特瓦德 （比利时）伊夫·皮尼厄
978-7-111-38675-9	商业模式新生代（个人篇）：一张画布重塑你的职业生涯	89.00	（美）蒂姆·克拉克 （瑞士）亚历山大·奥斯特瓦德 （比利时）伊夫·皮尼厄
978-7-111-38128-0	商业模式的经济解释：深度解构商业模式密码	36.00	魏炜 朱武祥 林桂平
978-7-111-57064-6	超越战略：商业模式视角下的竞争优势构建	99.00	魏炜 朱武祥
978-7-111-53240-8	知识管理如何改变商业模式	40.00	（美）卡拉·欧戴尔 辛迪·休伯特
978-7-111-46569-0	透析盈利模式：魏朱商业模式理论延伸	49.00	林桂平 魏炜 朱武祥
978-7-111-47929-1	叠加体验：用互联网思维设计商业模式	39.00	穆胜
978-7-111-57840-6	工业4.0商业模式创新：重塑德国制造的领先优势	39.00	（德）蒂莫西·考夫曼
978-7-111-55613-8	如何测试商业模式	45.00	（美）约翰·马林斯
978-7-111-30892-8	重构商业模式	36.00	魏炜 朱武祥
978-7-111-25445-4	发现商业模式	38.00	魏炜

彼得·德鲁克全集

序号	书名	序号	书名
1	工业人的未来 The Future of Industrial Man	21 ☆	迈向经济新纪元 Toward the Next Economics and Other Essays
2	公司的概念 Concept of the Corporation	22 ☆	时代变局中的管理者 The Changing World of the Executive
3	新社会 The New Society: The Anatomy of Industrial Order	23	最后的完美世界 The Last of All Possible Worlds
4	管理的实践 The Practice of Management	24	行善的诱惑 The Temptation to Do Good
5	已经发生的未来 Landmarks of Tomorrow: A Report on the New "Post-Modern" World	25	创新与企业家精神 Innovation and Entrepreneurship
6	为成果而管理 Managing for Results	26	管理前沿 The Frontiers of Management
7	卓有成效的管理者 The Effective Executive	27	管理新现实 The New Realities
8 ☆	不连续的时代 The Age of Discontinuity	28	非营利组织的管理 Managing the Non-Profit Organization
9 ☆	面向未来的管理者 Preparing Tomorrow's Business Leaders Today	29	管理未来 Managing for the Future
10 ☆	技术与管理 Technology, Management and Society	30 ☆	生态愿景 The Ecological Vision
11 ☆	人与商业 Men, Ideas, and Politics	31 ☆	知识社会 Post-Capitalist Society
12	管理：使命、责任、实践（实践篇）	32	巨变时代的管理 Managing in a Time of Great Change
13	管理：使命、责任、实践（使命篇）	33	德鲁克看中国与日本：德鲁克对话"日本商业圣手"中内功 Drucker on Asia
14	管理：使命、责任、实践（责任篇）Management: Tasks, Responsibilities, Practices	34	德鲁克论管理 Peter Drucker on the Profession of Management
15	养老金革命 The Pension Fund Revolution	35	21世纪的管理挑战 Management Challenges for the 21st Century
16	人与绩效：德鲁克论管理精华 People and Performance	36	德鲁克管理思想精要 The Essential Drucker
17 ☆	认识管理 An Introductory View of Management	37	下一个社会的管理 Managing in the Next Society
18	德鲁克经典管理案例解析（纪念版）Management Cases(Revised Edition)	38	功能社会：德鲁克自选集 A Functioning Society
19	旁观者：管理大师德鲁克回忆录 Adventures of a Bystander	39 ☆	德鲁克演讲实录 The Drucker Lectures
20	动荡时代的管理 Managing in Turbulent Times	40	管理（原书修订版）Management (Revised Edition)
注：序号有标记的书是新增引进翻译出版的作品		41	卓有成效管理者的实践（纪念版）The Effective Executive in Action